Maria Pfluger-Jakob

Wie unser Kind sich gut entwickelt

Maria Pfluger-Jakob

Wie unser Kind sich gut entwickelt

Ein praktischer Leitfaden für Eltern

Herder

Freiburg · Basel · Wien

Gedruckt auf umweltfreundlichem,
chlorfrei gebleichtem Papier

Satz: DTP-Studio Helmut Quilitz, Denzlingen
Herstellung: Freiburger Graphische Betriebe 1998
ISBN 3-451-26591-5

Inhalt

1. Einleitung

Mit diesem Buch möchte ich vor allem Eltern in die erstaunlichen Fähigkeiten unserer Kinder einführen, die ja von Anbeginn des Lebens alles für ihre gesunde körperliche, seelische und geistige Entwicklung Dienliche sozusagen „mit in die Wiege" gelegt bekommen haben.

Es mag erstaunlich klingen, aber die *Kinder selbst* sorgen mit ihren eigenen Fähigkeiten und Aktivitäten für eine gesunde Entwicklung – wenn wir sie „nur lassen"; d. h., wenn wir Erwachsenen uns darin üben zu sehen, zu hören und spüren, was da gerade im Entwicklungsprozeß geschieht. Und wenn wir genügend Freiraum zum Ausprobieren und Erkunden gewähren, emotional stützend, die angeborene Neugierde und den Drang nach Aktivität anregend, die Kinder auf ihrem spannenden Weg in die Welt begleiten. Im eigenen Verstehen und Begreifen des Geschehens kann es gelingen, mit Herz und Verstand, mit Leib und Seele die Entwicklung der Kinder mitzuerleben und uns selbst in einen weiteren Entwicklungsprozeß einzulassen.

So spannend und faszinierend die Entwicklungsprozesse der Säuglinge und besonders der Kleinkinder auch sind, so nervenaufreibend und provozierend scheinen uns viele ihrer typischen Verhaltensweisen. Ich denke hier beispielsweise an die (vermeintliche) Unart der Kinder, alles, was ihnen in die Finger kommt, in den Mund zu stecken, oder mit allen möglichen Dingen Krach zu machen, oder „stur" auf der exakten Einhaltung des Textes der Geschichte, die allabendlich vorgelesen wird, zu beharren, oder auch „tausendmal" das gleiche Spiel machen zu wollen.

Gerade solche typischen Verhaltensweisen, die Eltern leicht an den Rand der Geduld bringen können, habe ich zum Hauptgegenstand dieses Buches gemacht. Es scheint mir wert zu entdecken, welch großartige Entwicklungsschritte darin stecken und den Sinn derartiger Verhaltensweisen von neuem zu begreifen. Vielleicht mag es so gelingen, den Geduldsfaden mancher Eltern zu verlängern, das Faszinierende aller sogenannter Unarten hervorzuheben und gleichzeitig zu vermitteln, daß Eltern angeborenerweise, sozusagen intuitiv, die geeignetsten Begleiter und Förderer ihrer Kinder sind.

Mit dem nachfolgenden Beispiel des zweijährigen Jonas möchte ich versuchen, mein Anliegen zu verdeutlichen:

Jonas befindet sich mit seiner Mutter in meinem Praxisraum. Während ich mich mit der Mutter unterhalte, hat sich Jonas nach einer geeigneten Beschäftigung umgesehen. Er greift ein Glas, in dem einige Glasmurmeln aufbewahrt sind. Zunächst schüttet er die Murmeln auf den Boden, dann nimmt er eine Murmel nach der anderen und läßt sie jeweils unter lautem Geräusch in das Glas fallen. Jonas lacht laut und ist sichtlich von seiner Entdeckung fasziniert. Er schaut immer wieder kurz zur Mutter, ob sie denn auch sieht, was er Tolles machen kann. Die Mutter bestätigt ihn nickend und lächelnd. Jonas fühlt sich sichtlich ermuntert, das gleiche Spiel fortzusetzen. Nur diesesmal soll es noch lauter klingen – die Murmeln werden von weiter oben fallen gelassen.

Nun reagiert die Mutter mit einer mahnenden Aufmerksamkeit: „Bitte Jonas, paß auf, das Glas könnte zerbrechen. Nicht so fest!"

Jonas horcht zwar, was die Mutter zu sagen hat, setzt jedoch unbeirrt sein Spiel in gleicher Weise immer und immer wieder fort.

Schließlich versucht die nun schon etwas genervte Mutter, ihn an der einen Hand festzuhalten, um ihm aus der anderen Hand das Glas wegnehmen zu können. Aber Jonas ist schneller und fest entschlossen, seinen „Besitz" zu verteidigen. Es gelingt ihm, sich von der Hand der Mutter zu lösen.

Nun springt er mit dem Glas, in dem einige Murmeln sind, rasch auf ein kleines Treppenpodest und – schwups – das Ganze fliegt in hohem Bogen auf den Teppichboden. Ein lautes, ungewöhnliches Geräusch ist zu hören! Was jetzt? Jonas hält einen Augenblick inne, so als ob er überrascht wäre und das Geschehene erst verarbeiten müßte. Er schaut die Mutter fragenden Blickes an, als ob er sich ihrer

Meinung dazu vergewissern wollte. Und tatsächlich, er wartet auf die Reaktion der Mutter.

Natürlich ermahnt ihn die Mutter jetzt mit eindringlicheren Worten, das doch bitte zu lassen, da es sonst noch Scherben gebe.

Jonas scheint beeindruckt. Er steigt vom Podest, holt sich „sein Spielzeug" und läßt das erneut gefüllte Glas unter einen Stuhl rollen. Wieder freut er sich über die erzeugten Geräusche und optischen Effekte.

Jetzt krabbelt er selbst unter den Stuhl, greift das Glas, hält es mit der linken Hand fest an seinen Körper gepreßt, während er mit der rechten Hand sorgsam und voll konzentriert eine Murmel herausholt. Er versucht, diese zwischen die Öffnung von Sitzfläche und Stuhllehne zu stecken, was natürlich mißlingt, da diese viel zu breit für die Murmel ist. Die Murmel rollt über die Sitzfläche zu Boden. Jonas ist erstaunt. Er wiederholt das Ganze mit einer neuen Murmel und macht wiederum die gleiche Erfahrung: Die Murmel rollt über die Sitzfläche und fällt auf den Boden.

Jonas wiederholt diesen Vorgang immer und immer wieder und ist jedesmal hoch erfreut, wenn die Murmel zu Boden fällt. Jetzt scheint er das Ende des Vorgangs schon zu erwarten und erzeugt es absichtlich. Jedesmal, wenn die Murmel mit einem deutlichen „Klick" auf dem Boden aufkommt, lächelt Jonas und gibt Freudenlaute von sich. Mit *Spannung* erwartet er das Ende des Handlungsablaufs und freut sich, wenn das Erwartete eintritt.

Nur zu schade, daß die Mutter gerade jetzt – ärgerlich über die entstandene Unordnung und den Dauerlärm – dem Treiben ein entschiedenes Ende setzt. Jonas hätte sich sicherlich noch längere Zeit damit verweilt; und wer weiß, vielleicht hätte er noch weitere neue Entdeckungen gemacht.

Die Mutter hätte stolz wahrnehmen können, wie Jonas seine *Hände- und Fingergeschicklichkeit* (beidhändiges Arbeiten und gezieltes Greifen mit dem Pinzettengriff) und seine *Gleichgewichtskontrolle* (verschiedene Bewegungsarten) trainiert, wie er sich in der *Konzentrationsfähigkeit* (im Spiel verweilen) übt, und wie er in faszinierender Weise die Grundsteine seiner *Intelligenzentwicklung* legt, indem er nämlich die ersten Erkenntnisse über Zusammenhänge von Ursache- und Wirkmechanismen gewinnt. Auch erfaßt Jonas mit dem Spiel erste physikalische Gesetzmäßigkeiten. (Die Öffnung ist im Vergleich zur Murmel zu groß. Die Kugel rollt über schräge Sitzfläche nach unten usw.)

Daß bei den Eroberungen und Entdeckungen der Welt „Chaos" entsteht, ist ganz natürlich und bereitet nur aus der Erwachsenen-Perspektive Unbehagen. Wie gern wären manche Eltern bereit, die Unordnung geradezu mit einem Gefühl von Stolz und Wohlbefinden zu beseitigen, wüßten sie um die gewaltigen Entdeckungen und Entwicklungsschritte ihres Kindes. Diese – so meine ich – rechtfertigen allemal die Alltagsmühen der Bezugspersonen.

2. Wie Kinder sich entwickeln

Im folgenden Kapitel werden einige wesentliche Erkenntnisse aus entwicklungspsychologischer und entwicklungsneurologischer, neuropsychologischer und entwicklungsbiopsychologischer Forschung dargestellt.

Im Sinne einer guten Lesbarkeit wird im Text größtenteils auf wissenschaftliche Belege verzichtet. Die in Klammern stehenden Ziffern verweisen auf das Literaturverzeichnis am Ende des Buches. Ebenso sind die mit * gekennzeichneten Begriffe im Glossar im Anhang nachzuschlagen.

2.1 Entwicklung ist mehr als nur das Zusammenspiel von Anlage und Umwelt

Bisher ging man allgemein davon aus, daß Entwicklung – vor allem im Säuglingsalter – von Anlage- und Umweltfaktoren bestimmt wird. Gerade in den letzten Jahren haben Forschungsergebnisse aus den verschiedensten Wissenschaftsdisziplinen gezeigt, daß dieses Entwicklungsmodell das komplexe Geschehen keineswegs hinreichend erklären kann.

Neben den *neurologischen* und *biologischen Faktoren* (als teilweise genetisch verankerte Mechanismen) und den *Umwelteinflüssen* (als Lernfaktoren) müssen zumindest noch die *geistige (kognitive)* und *emotionale Entwicklung* sowie die *Selbstregulation* des Kindes in Betracht gezogen werden. All diese Einzelkomponenten wirken in gegenseitiger Wechselwirkung und in integrativer Weise zusammen. Sie gewährleisten das, war wir gemeinhin mit „Entwicklung" oder korrekter mit „kognitiv-emotionaler Verhaltensentwicklung" bezeichnen (vgl. Abbildung 1).

Neurologische und biologische Entwicklungsfaktoren

In der vor- und nachgeburtlichen Phase sind drei Mechanismen in der Entwicklung des Zentralnervensystems (ZNS; Gehirn- und Rückenmark betreffend) zu unterscheiden: die genetisch vorgegebenen, die erfahrungs-erwartenden und die erfahrungsabhängigen Mechanismen.

1. Die *genetisch vorgegebenen* Mechanismen

Die genetisch vorgegebenen Mechanismen zur Entwicklung des ZNS bestimmen lediglich dessen *Grobstruktur*.

Die Gehirnstruktur* ist im wesentlichen durch die Anzahl der Nervenzellen, der Nervenbahnen und der Verknüpfungsstellen (Synapsen) der einzelnen Nervenbahnen und Zellen untereinander bestimmt. Wieviel Nervenzellen, Nervenbahnen und Verknüpfungen letztendlich im ZNS gebildet werden, hängt vor allem von den *Erfahrungen* ab, die der Säugling sich selbst zuführt und die er von außen zugeführt bekommt. Die genetische Vorbedingung stellt sozusagen nur eine Rahmenbedingung dar, innerhalb derer sich die Gehirnentwicklung unter den jeweiligen Umwelteinflüssen vollziehen kann.

Die *Anzahl und Qualität der Erfahrungen* des Säuglings werden von genetisch verankerten *biologischen* Wirkmechanismen gesteuert. Im wesentlichen handelt es sich um das *Erkundungsverhalten* (Exploration*) und um das *Bindungsverhalten**.

Das *Erkundungsverhalten* ist von der angeborenen Neugierde an der sozialen und dinglichen Umwelt angetrieben und bewirkt letztendlich das Kennenlernen der Welt. Das *Bindungsverhalten* beruht auf einer angeborenen sozialen Kompetenz*, die schon neugeborene Kinder zeigen. Soziale Fähigkeiten ermöglichen dem Neugeborenen, in Kontakt mit Bezugspersonen zu treten (vorsprachliche Kommunikation) und die Bezugspersonen für deren Zuwendungsverhalten zu bestärken. (Es sei bereits an dieser Stelle darauf aufmerksam gemacht, daß *beide*, Kind *und* Bezugspersonen, auf den gegenseitigen

Wechselwirkungsprozeß angewiesen sind. Eine eindimensionale Sicht, daß es nur auf die Einflüsse durch die Bezugspersonen ankomme, wird dem Geschehen keineswegs gerecht.) Auf diese Weise sichert sich das Kind von Anbeginn seines Lebens die bestmöglichen Entwicklungsanregungen. Diese bedingen wiederum die neuronale Gehirnstruktur*, wie auch die Qualität der Verarbeitungsmöglichkeiten in den Nervennetzen. Kurzum, die seelische, geistige und soziale Entwicklung ist davon abhängig.

Die folgende Abbildung 1 verdeutlicht diesen Sachverhalt:

Abbildung 1: Entwicklung als Ausdruck eines komplexen, integrativen Zusammenwirkens verschiedener Einzelkomponenten.

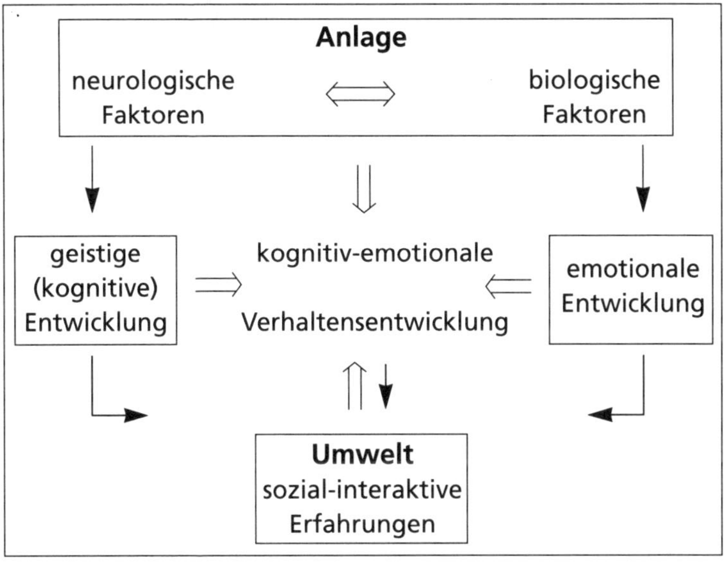

2. Die *erfahrungs-erwartenden* Mechanismen

Diese bestimmen, in welcher Entwicklungsphase welche *prägenden* Erfahrungen zu machen sind.

Typische Beispiele für eine prägungsabhängige Entwicklung sind die Entwicklung der aktiven Sprache (vgl. Kap. 3. 14) und der visuellen räumlichen Wahrnehmungsfähigkeit. An dieser Stelle möchte ich beispielhaft die Entwicklung der visuellen räumlichen Wahrnehmungsfähigkeit aufgreifen:

Die siebenjährige Melanie wurde von ihren Eltern zur neuropsychologischen Untersuchung angemeldet, da sie in der Schule Schwierigkeiten beim Erwerb des Lesens und Schreibens habe. Sie habe Mühe, die Zeilen beim Lesen einzuhalten, wisse oft nicht mehr, in welcher Zeile oder in welchem Abschnitt sie gerade lese, „verrutsche" also immer wieder. Auch verwechsle sie häufig Buchstaben, z. B. das „b" mit dem „d" oder das „d" mit dem „g". Hier geht es um rechts-links-Orientierungen und um „oben" und „unten" als räumliche Wahrnehmungen.

Die testpsychologischen Befunde bestätigten den Verdacht auf eine visuelle räumliche Wahrnehmungsschwäche. Die Eltern untermauerten den Befund mit Alltagsbeobachtungen: Melanie stolpere oft über Gegenstände, auch bei kleinen Stufen wie z. B. einem Bürgersteig. Sie gefährde sich im Straßenverkehr, da sie die Entfernungen herannahender Fahrzeuge nicht richtig einschätzen könne.

Die Eltern berichten, daß Melanie als kleines Kind stark geschielt habe. Das Schielen habe sich durch die Behandlung des Augenarztes mittels Abdecken des stärkeren Auges weitestgehend gebessert. Das Abdecken wurde leider erst im 5. Lebensjahr, kurz vor der Einschulung, eingeleitet. Neurologische Forschungen ergaben jedoch, daß der Prozeß der Entwicklung desjenigen Gehirnbereichs, der für die visuelle räumliche Wahrnehmung zuständig ist, mit dem 3. Lebensjahr abgeschlossen ist. Da die visuelle räumliche Wahrnehmungsfähigkeit sich nur dann vollständig aufbaut, wenn innerhalb der ersten drei Lebensjahre von *beiden* Augen *gleichermaßen* visuelle Impulse an das Gehirn geleitet werden, sind schielende Kinder immer betroffen. Die Schielkorrektur Melanies nach dieser Prägungsphase hatte demnach einen vorrangig kosmetischen Effekt. Wie viele ehemals schielende Kinder nutzt sie andere Sinnessysteme zur *Kompensation* ihrer visuellen Wahrnehmungsschwäche aus, ohne damit jedoch die Ursache korrigieren zu können.

3. Die *erfahrungs-abhängigen* Mechanismen

Diese Mechanismen bewirken eine *Speicherung* aller gemachten Erfahrungen bzw. alles Gelernten.

Aktive Erfahrungen

*Neuronale Netzwerke**

Entscheidend für die geistige, emotionale und soziale Entwicklung ist die Organisation sogenannter neuronaler Netzwerke. Diese bilden sich auf der Grundlage der entwickelten Gehirnstruktur* und aktiver Erfahrungen des Kindes.

Bildlich und vereinfacht ausgedrückt, handelt sich dabei um die durch Sinneserfahrungen und deren Speicherung (Lernprozesse) aufgebauten „Straßennetze", die bei jeder Aktivität oder auch neuen Erfahrung wieder benutzt werden. Neurologisch betrachtet, handelt es sich hierbei um komplex verschaltete Vernetzungen bestimmter Nervenbahnen über ganz bestimmte Hirnzentren und über beide Hirnhälften hinweg, die für ganz bestimmte Funktionen (s. u.) zuständig sind.

Beispiele für vorwiegend *motorische Funktionen* sind: gehen, schlucken, schreiben, Tennis spielen, Fahrrad fahren, eine Dose oder Flasche öffnen;

geistige Funktionen sind: etwas vorausplanen, rechnen, etwas bedenken, etwas phantasievoll angehen; sprechen und Sprache verstehen;

sozial-emotionale Funktionen sind: jemanden verstehen, sich in ihn hineinversetzen können, abwarten können.

Wir wissen, daß eine derartige Aufteilung in „motorische" , „kognitive" und „sozial-emotionale" Funktionen rein theoretisch ist. In Wirklichkeit arbeiten bei nahezu allen Funktionen mehrere Funktionskreise zusammen. Denken wir nur an die Fähigkeit zu sprechen. Natürlich sind hierzu die motorischen Funktionskreise (die Sprechwerkzeuge betreffend) genauso entscheidend wie die geistigen (Wortwahl, Satzbau, Übertragung des beabsichtigten Sprachinhalts in die Sprechmotorik) und die emotionalen (Sprachmelodie, Mitteilungsbedürfnis- oder Absicht). Bei der Sprache haben wir es mit einer äußerst komplexen *Teilleistung** zu tun, die das Ergebnis eines integrierten Zusammenwirkens mehrerer *Teilfunktionen* darstellt.

- Die frühen Erfahrungen in den ersten Lebensphasen eines Kindes sind für die gesamte weitere Entwicklung des Kindes die entscheidendsten. Frühe Lernerfahrungen prägen zeitlebens die geistigen und emotionalen Verarbeitungsmechanismen.

  Wie in den folgenden Kapiteln (2.2–2.14) im einzelnen noch aufgewiesen wird, spielt die soziale Interaktion, d.h. das gegenseitige Aufeinanderbezogensein, dabei die größte Rolle.

- Das Kind bringt von Geburt an eine angeborene (genetische) Grundausstattung mit, die in der Auseinandersetzung mit der Umwelt auf ganz individuelle Weise die Entwicklungsprozesse bestimmt.

- Nicht nur die Anlagen und die Umweltreize, sondern auch das Kind selbst in seinen Aktionen und Re-aktionen auf die Umwelt beeinflußt das Gesamtergebnis des Entwicklungsprozesses.

- Im Erziehungsprozeß wird es daher im wesentlichen darauf ankommen, den angeborenen Antrieb zur Aktivität und zu neugierigem Erkundungsverhalten sowie die biologisch verankerte Freude an sozialen Interaktionen aufrechtzuerhalten und zu unterstützen. Wie in späteren Kapiteln noch aufgewiesen wird, kommt es dabei im wesentlichen auf eine emotional positive Beziehung zwischen Kind und Bezugspersonen an.

- Im umgekehrten Fall, wenn schwere seelische Traumata (wie z.B. frühe Trennungserfahrungen, grobe Vernachlässigungen) zu einer seelischen Entwicklungsstörung führen, wird die Neugierde blockiert, und der Aktivitätsdrang kann sich nicht entfalten. Es fehlen dem Kind somit viele Lernerfahrungen, die es für die gesunde Gehirnentwicklung benötigt.

Forschungsergebnisse (Rothenberger und Hübner) belegen, daß langanhaltende Belastungssituationen sich sowohl auf die Gehirnstruktur* als auch die neuronalen Netzwerke* (Funktionen) im Zentralnervensystem negativ auswirken können. Man spricht dabei sogar von Hirnschädigungen, die in diesen frühen Entwicklungsphasen geschehen und nachhaltig das gesamte geistige, emotionale und soziale Verhalten beeinflussen.

- Bestimmte Entwicklungsprozesse vollziehen sich nur innerhalb bestimmter Prägungsphasen*. Ein Nachholen des ausgebliebenen Entwicklungsschrittes zu einem späteren Zeitpunkt ist entweder nur bruchstückhaft oder gar nicht mehr möglich. Selbstverständlich macht es Sinn, einen Entwicklungsschritt, der sich aufgrund ungünstiger Lebensbedingungen nicht entwickeln konnte, durch geeignete Förder- und Therapiemaßnahmen korrigieren zu wollen. Man sollte sich jedoch bewußt sein, daß alle Versuche, einen *prägungsabhängigen* Entwicklungsschritt nachholen zu wollen, lediglich Kompensationswirkung haben können.

2.2 Zum Zeitpunkt der Geburt verfügt das Kind über eine recht gut funktionierende Wahrnehmungsfähigkeit – es besitzt soziale Kompetenzen

Im folgenden Kapitel geht es um die *„Sieben Sinne“**. Es handelt sich hierbei um den *Hautsinn,* den *Geruchssinn,* den *Geschmackssinn,* die *Gleichgewichtssinne,* den *Muskel-* und *Stellungssinn,* den *Gehörsinn* und den *Gesichtssinn* (visuelle Wahrnehmung betreffend). Diese Sinnessysteme stehen dem neugeborenen Kind schon insoweit zur Wahrnehmung des eigenen Körpers und seiner Umwelt zur Verfügung, daß es sich bewegen, wohlfühlen und/oder sich Wohlbefinden durch geeignetes Verhalten herbeiführen kann. Ja, es besitzt sogar (angeborenerweise) soziale Kompetenzen, auf die ich in späteren Kapiteln eingehen werde (vgl. Kap. 2.3).

Sinnesleistungen des Neugeborenen

Das Neugeborene kann riechen.
Es kann die Mutter „gut riechen" und fühlt sich angenommen.

Über den *Geruchssinn* ist der Säugling etwa ab dem dritten Lebenstag fähig, die Mutter – oder auch jede andere vertraute Person – am Geruch zu identifizieren. Die Mutter kann zuverlässig am Geruch von jeder anderen Person unterschieden werden.

Aus dem Tierreich ist uns diese Identifizierungsfunktion des Geruchssinns schon lange bekannt. Auch für den Menschen scheint er diese Bedeutung immer noch zu besitzen: zumindest am Lebensanfang mehr als in späteren Lebensphasen.

Zusammen mit dem Hautsinn dient der Geruchssinn der Herstellung von persönlicher *Bindung* und der Entwicklung von *Bindungsfähigkeit*. Die Bindungsfähigkeit wiederum entscheidet in späteren Lebensphasen über solche Grundgefühle wie Sicherheit oder Ängstlichkeit, über die Fähigkeit, Trennungen sinnvoll verarbeiten zu können oder natürlich auch darüber, ob man als erwachsener Mensch stabile Beziehungen eingehen kann.

In der von Geburt an gegebenen Wechselwirkung von Geruchssinn und Hautsinn kann sich über Zu-Trauen und Ver-Trauen das Grundgefühl von emotionaler Sicherheit und Geborgenheit aufbauen. Der alltägliche Sprachgebrauch, der viele geruchsbetonten Umschreibungen von Gefühlszuständen beinhaltet, beschreibt sofort die Art der Beziehung und den Wunsch nach Distanz oder Nähe zu der betreffenden Person: etwas/oder jemand „stinkt mir"; jemanden „gut riechen" können; jemand soll „verduften"; es „riecht nach Verrat"; das „riecht nach nichts Gutem"; etwas ist „an-rüchig".

Das Neugeborene kann schmecken

Der *Geschmackssinn* des Neugeborenen vermittelt bereits die vier grundlegenden Geschmacksqualitäten süß, sauer, salzig, bitter und deren Kombinationen.

Biologisch bedingt scheint das Baby süßliche Stoffe zu bevorzugen; vermutlich weil die durch den Milchzucker süßlich schmeckende Muttermilch die Nahrungsaufnahme sichern und – im wahrsten Sinne des Wortes – „versüßen" soll.

Geruchs- und Geschmackssinn sind von Anbeginn an sehr eng miteinander verknüpft. Der eine Sinn scheint ohne den anderen nicht voll funktionsfähig zu sein. Wir merken dies etwa, wenn unser Geschmackssinn beeinträchtigt ist, weil wir Schnupfen haben.

Auch der Geschmackssinn beeinflußt in grundlegender Weise unsere Gefühle.

Sprachliche Ausdrucksformen zeugen in indirekter Weise davon, wie z.B.: „Geschmack finden" an etwas; jemandem „schmeckt das gar nicht" (im Sinne von „paßt ihm nicht"); einen „guten Geschmack" haben; an „Geschmacksverirrung" leiden; auf den „Geschmack kommen".

Das Neugeborene kann sich bewegen. Es kann sich Menschen und Dingen zuwenden, es kann betasten und kommunizieren.

Kein Zweifel, das Neugeborene kann sich aktiv bewegen. Es ist keinesfalls nur ein „reflexgesteuertes Wesen", wie früher angenommen. Allerdings bestimmen *frühkindliche Reflexe** in verschiedenen Lagen oder Positionen des Körpers die Motorik bzw. die Koordination der Körperteile.

Für jede Art von Bewegung ist zumindest die Zusammenarbeit der sogenannten *Grundsinne** (Hautsinn, Gleichgewichtssinne, Muskel- und Stellungssinn) erforderlich, die auch mit dem Begriff der *taktil-kinästhetischen Wahrnehmung** (s.u.) umschrieben wird. (Wir wissen, daß für die Ausbildung der Hand- und Fingermotorik zusätzlich die visuelle

Wahrnehmung eine große Rolle spielt.) Die Grundsinne haben sich alle schon vorgeburtlich über die vielen Bewegungen des Föten ausgebildet, müssen sich jedoch über Jahre hinweg weiter ausdifferenzieren, um so perfekt wie beim Erwachsenen funktionieren zu können. Im einzelnen stellen sie sich wie folgt dar:

Der *Muskelsinn* mit seinen Empfängerorganen (Rezeptoren) in den Muskeln liefert Informationen über die *Muskelspannung* (Tonus) und reguliert den *Krafteinsatz* bei jeder Art von Bewegung. Die Kraftdosierung, z. B. beim Greifen, gelingt dem Baby natürlich noch nicht so gut. Es sind noch viele Monate der Reifung, Entwicklung und praktischen Übung erforderlich.

Der *Stellungssinn* mit den Empfängerorganen (Rezeptoren) in den Gelenken und Sehnen gibt Auskunft über die Stellung der einzelnen Körperteile zueinander. Nach Jahren der Entwicklung ermöglicht er uns, sozusagen auf unterbewußter Ebene (ohne daß wir uns aufmerksam beobachten würden) jederzeit zu „wissen", in welcher Position sich beispielsweise unser rechter Arm befindet: ob er locker nach unten hängt oder nach oben gestreckt ist usw. Der Stellungssinn ist besonders dann wichtig, wenn wir unsere Lage verändern und gleichzeitig das Gleichgewicht halten wollen. Ohne die ständigen Informationen des Stellungssinnes an das Zentralnervensystem müßten wir mühsam erst einmal all unsere Gliedmaßen bewußt ordnen und in neue Positionen bringen.

Sprachliche Redewendungen, die von der tiefen Bedeutung des Stellungssinns zeugen, sind beispielsweise: „Stellung beziehen"; einen festen „Standpunkt" vertreten; mehrere „Standbeine" gleichzeitig haben; sich „außerstande" fühlen.

Der *Hautsinn* vermittelt über jeweils spezielle Empfängerorgane (Rezeptoren) Informationen über Kälte, Wärme, Berührungsreize, Kitzelreize, Vibrationsreize, Schmerzreize u. a. m.

Für den Zusammenhang von Hautsinnempfindungen und

Gefühlen vermittelt die deutsche Sprache einen guten „Eindruck". Beispiele sind: das „geht unter die Haut"; das „juckt" doch keinen; da kann einem ganz „heiß" werden; das „läßt mich kalt"; das „berührt" einen; etwas hinterließ einen „tiefen Eindruck"; „Nervenkitzel"; etwas aus jemandem „herauskitzeln"; jemanden „anspitzen" zu etwas; „bedrückt" sein; einen bleibenden „Eindruck" hinterlassen.

Die *Gleichgewichtssinne (Dreh- und Bewegungssinn)* mit den Empfängerorganen (Rezeptoren) im Gleichgewichtsorgan, das direkt mit dem Innenohr in Verbindung steht, signalisieren bereits dem Neugeborenen, in welcher Lage es sich in bezug auf die Schwerkraft der Erde befindet, z. B. wenn es getragen oder gewickelt wird oder auch beim Stillen.

Die Gleichgewichtssinne signalisieren auch, in welchem Bezug sich die einzelnen Körperteile zur Körpermitte befinden; dies in Zusammenarbeit mit dem Muskel- und Stellungssinn.

Der Drehbewegungssinn vermittelt Informationen über die Richtung und Geschwindigkeit von Drehbewegungen.

Die Gleichgewichtssinne regulieren später, wenn das Kind beispielsweise sitzen, laufen, klettern usw. kann, *automatisch* das Gleichgewicht und liefern so einen gewichtigen Beitrag bei allen Bewegungsabläufen.

Auch bei den Gleichgewichtssinnen wird die Bedeutung für unser Empfinden im Sprachgebrauch deutlich. Beispiele sind: „aus dem Gleichgewicht geraten"; sich „im Gleichgewicht befinden"; „alles dreht sich" nur noch um…; alles ist „im Lot"; etwas „ausloten"; etwas „abwägen"; zu etwas „in der Lage" sein; die „Lage" ausloten oder auskundschaften; keinen „Schwung" mehr haben; so „richtig in Schwung geraten".

Taktil-kinästhetische Wahrnehmung – das Zusammenspiel der Grundsinne

Die Zusammenarbeit der sog. Grundsinnessysteme* (= Haut-, Stellungs- und Muskelsinn, Gleichgewichtssinne) bildet eine *Funktionseinheit,* die mit dem Begriff taktil-kinästhetische

Wahrnehmung bezeichnet wird. (Kinästhesie; griechisch = Bewegungsgefühl, Muskelempfindung).

Abbildung 2 veranschaulicht das Zusammenwirken der Grundsinne.

Abbildung 2: Taktil-kinästhetische Wahrnehmung als integrative Zusammenarbeit der Grundsinne

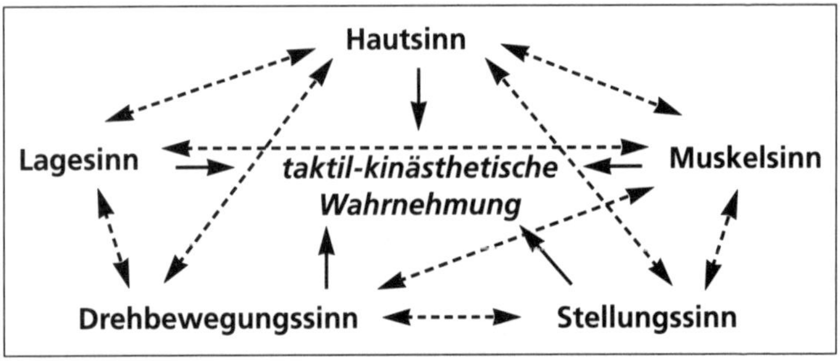

Die *taktil-kinästhetische Wahrnehmung* ist vorgeburtlich „trainiert". Davon zeugen Ultraschall-Bilder von Föten, die sich drehen und wenden, die boxen und strampeln, die schwimmen und Purzelbäume schlagen, die Daumen lutschen und vieles mehr. Nach der Geburt sind derartige Aktivitäten infolge des fehlenden Fruchtwassers und der damit veränderten Schwerkraft nur schwer oder gar nicht mehr möglich.

Es ist anzunehmen, daß die vorgeburtlichen Erfahrungen mit dem Körper und seiner Bewegungsfähigkeit beim Neugeborenen schon ein gewisses *Körperbewußtsein** geschaffen haben. Dies würde bedeuten, daß das Neugeborene schon in der ersten Lebensstunde zwischen dem zu sich selbst gehörenden Körper und dem Körper der Mutter unterscheiden kann. Die frühe psychoanalytische Theorie, wonach das Neugeborene noch nicht zwischen sich selbst und seiner sozialen Umwelt unterscheiden können soll, kann den entwicklungspsychologischen Erkenntnissen nach zumindest bezweifelt werden.

Taktil-kinästhetische Sinnesleistungen ermöglichen es dem Kind, sich sozialen Sinnesreizen zuzuwenden.

Das Neugeborene zeigt eindeutig *Zuwendungsreaktionen* bei taktilen, visuellen und akustischen Reizen, die von *Menschen* ausgehen. Entwicklungspsychologische Forschungsergebnisse weisen darauf hin, daß das Kind zum Zeitpunkt der Geburt mit seinem Wahrnehmungsapparat geradezu darauf ausgerichtet ist, *soziale Reize* wahrzunehmen und sinnvoll darauf zu reagieren. (Vgl. auch Kap. 2. 12)

Beispielsweise *bewegt* es die Augäpfel in Richtung einer gesehenen oder gehörten Person (Sprache). Oder es hält auf Berührungen hin mit seinen *Bewegungen* inne, um ganz zu spüren, wer da ist, um mit allen Sinnen aufmerksam wahrzunehmen. Es ist konzentriert und bemüht, mit mehreren Sinnen gleichzeitig das Geschehen zu erfassen.

Zuwendungsreaktionen stehen im Dienste der weiteren Wahrnehmungsentwicklung und der sozialen Interaktion und Kommunikation.

Beobachten wir einmal ein gerade geborenes Kind, das nach den ersten Minuten der Erholung und Orientierung zum Stillen angelegt wird:

Der Säugling hält sogleich Blickkontakt mit der Mutter, die ihren Kopf leicht zu ihm geneigt hält. (Beide Partner sind einander voll zugewandt.) Die Körperhaltung des Babys ist zweckmäßig dem Vorgang angepaßt. D. h. das Ärmchen, das dem Körper der Mutter anliegt, ist (reflektorisch gesteuert) gestreckt, so daß es das Anliegen nicht behindert. Das andere Ärmchen hingegen ist leicht angewinkelt und „frei". Intuitiv greift die Mutter die freie Hand, legt einen Finger in deren Handfläche – und schon schließt sich die Hand des Kindes um den Finger der Mutter. (Die Mutter fühlt sich dadurch verstärkt.) Dieser *Greifreflex* wurde ausgelöst durch die Berührung der Handinnenfläche. Das Neugeborene selbst kann noch nicht willentlich den Greifreflex lösen; es könnte den Finger der Mutter „ewig" halten. Bald löst (intuitiv) die Mutter sachte den Finger aus der Umklammerung. Sie behält jedoch leicht berührend immer noch Kontakt mit der Hand des Kindes. (Sie streichelt den Handrücken oder berührt die Außenseite des kleinen Fingers.)

Und nun können wir fasziniert beobachten, wie das Neugeborene beginnt, mit seinen Fingerchen den Finger der Mutter zu betasten. Es betastet und erkundet aktiv!

Solche Beobachtungen zeigen, daß neben einem (reflexhaft ausgelösten) Greifreflex auch noch andere Bewegungsmuster der Hand möglich sind.

Der Greifreflex ist also keineswegs das einzig beobachtbare Bewegungsmuster der Hände von Neugeborenen, wie es leider immer noch in manchen Lehrbüchern zu lesen ist. Die Handmotorik ist vielmehr schon so weit entwickelt, daß die Hände für kurze Zeit als Tastorgane eingesetzt werden können. Allerdings sind die Tastbewegungen noch sehr wenig differenziert. Als weitaus bessere Tastorgane in dieser frühen Entwicklungsphase fungieren die Lippen und der Mund. Erst einige Monate später beginnt das Baby, seine Hände als vorrangige Tastwerkzeuge einzusetzen.

Das Neugeborene verfügt über eine Vielzahl vorgeburtlicher Erfahrungen mit und über seinen Körper. Nun steht ihm dieser auch zum Zwecke einer *gelingenden Kommunikation* zur Verfügung.

Videoaufzeichnungen von Interaktionen zwischen Müttern und deren Neugeborenen zeigten, daß sich die Säuglinge in den Sprechrhythmus ihrer Mütter „einschleichen". Sie zeigen *synchron ablaufende Bewegungsmuster* zu denen der Mütter. Diese großartige Leistung gelingt in der sinnvollen Verarbeitung von gehörter Stimme/Sprache und gesehener wie gespürter Körperbewegungen sowie der adäquaten Übertragung des Verarbeiteten in die Motorik.

Die synchronen Bewegungsmuster sind sehr fein, mit bloßem Auge kaum wahrnehmbar, werden aber von den Müttern *intuitiv* wahrgenommen. In rückwirkender Wechselwirkung fühlt sich die Mutter dadurch in ihrem Zuwendungsverhalten verstärkt. Sie wird also die für eine gesunde Entwicklung des Kindes absolut notwendige Zuwendung und Ansprache weiterhin fortführen. (Dies ist ein Beispiel dafür, daß Kinder in gewisser Weise selbst dafür sorgen, daß sie zu den notwendigen Entwicklungsanreizen kommen.) Die synchronen Bewegungsmuster des Säugling in der Kommunikation sind von immenser Bedeutung für den immer wieder stattfindenden „frühkindlichen Dialog"* zwischen Mutter und Kind, für den beide in hervorragender Weise biologisch ausgestattet sind.

Ein geglückter Dialog zwischen Mutter und Kind stellt *die* entscheidenden Entwicklungsanregungen für die weitere emotionale, soziale und geistige Entwicklung des Kindes bereit.

Unter derartigen Gesichtspunkten betrachtet, dienen die frühen Bewegungsmöglichkeiten des Babys als Mittel zur *vorsprachlichen Kommunikation**.

Taktil-kinästhetische Leistungen ermöglichen dem Kind eine Anpassung an wechselnde Lebenssituationen.

Das Baby, ja sogar schon das Neugeborene reagiert auf Lageveränderungen mit passenden Bewegungen der Arme, Beine und Füße. Diese sind größtenteils reflektorisch gesteuert und dienen der Anpassung an für dieses Alter typische Lebenssituationen. Im vorangegangenen Beispiel wurde diese Anpassungsleistung beim Stillvorgang beschrieben. Auch beim Wickeln und vor allem beim seitlichen Sitzen auf der Hüfte der Mutter können wir solche Anpassungsleistungen erkennen. Sobald der Säugling aufgenommen wird, gerät er in eine Art Hockstellung, die es der Mutter erleichtert, ihn seitlich auf ihre Hüfte zu setzen. Der sogenannte *Hüftsitz* gelingt – von beiden perfekt vorbereitet– mühelos.

An solchen Beispielen wird einmal mehr deutlich, wie die Verhaltensausstattung des Neugeborenen und des Säuglings auf die Bedürfnisse und Verhaltensweisen ihrer Bezugspersonen ausgerichtet ist. Oder anders ausgedrückt: wie Kind und Bezugsperson intuitiv aufeinander abgestimmt sind.

Wie Sie Ihr Kind in dieser Phase unterstützen können

Es ist sinnvoll, die Gleichgewichtssinne eines Säuglings *genügend häufig* und *angemessen* zu stimulieren.
„Angemessen" bedeutet: dem Entwicklungsstand gemäße, ruhige und gleichförmige sowie in natürlichen Lebenssituationen (s. u.) stattfindende Gleichgewichtsreize. Dies geschieht natürlicherweise, wenn das Kind beispielsweise
- im Tragetuch getragen wird,
- zum Trost oder besseren Einschlafen herumgetragen wird,
- in den Schlaf gewiegt wird,
- im Kinderwagen gefahren wird,
- beim Wickeln sanft bewegt wird.

Sobald das Baby sitzen, krabbeln oder laufen kann, dürfen die Gleichgewichtsreize auch etwas stärker sein. Allein die freudige, lustvolle oder ängstliche Reaktion des Kindes entscheidet darüber, wie heftig die Reize sein sollen. Die Anregung soll immer Freude bereiten und das Kind zu einem lustvollen Umgang mit sich und den anderen anregen. Beispiele für derlei Gleichgewichts-Spiele sind:
- auf den Knien einer Bezugsperson hoppeln (z. B. „Hoppe-hoppe-Reiter"-Spiel);
- mit Schwung nach oben geworfen und wieder aufgefangen werden;
- auf einer Schaukel oder Wippe schaukeln;
- in der Hängematte (oder einer Wolldecke) geschaukelt werden.

Wenn das Kind schon ein bis zwei Jahre alt und selbst mobil ist, verschafft es sich selbst eine Vielzahl von Gleichgewichtsimpulsen: Es springt und hüpft, es erklimmt und klettert, es wirft und fängt usw. Es gibt kaum etwas, was das Kind nicht zum Ausprobieren seiner körperlichen Fähigkeiten animieren würde. Jeder Bordstein, jede Wasserpfütze, jeder kleine und große Hügel, jeder Baum, jedes Loch, jeder Abhang, jeder Eimer, jede Tonne usw. verleitet die Kinder sogleich, sich aktiv mit dem ganzen Körper damit auseinanderzusetzen. Leider gehen derartige Abenteuer nicht ohne kleine oder größere Mißgeschicke oder unangenehme Erfahrungen für Kind wie Eltern ab. Hier heißt es für die Eltern, durch entsprechende Aufmerksamkeit und Vorkehrungen oder Hilfestellungen (z. B. Handführung) Gefährdungen möglichst einzugrenzen und zu verhindern. Die Eltern haben die schwierige Aufgabe, die Balance zu finden zwischen schützenden Einschränkungen und Hinweisen auf mögliche Gefährdungen auf der einen Seite und dem Gewähren von freien Erfahrungsmöglichkeiten auf der anderen Seite. Ein zu ängstliches, überbeschützendes Eingreifen der Bezugspersonen wäre ebensowenig förderlich wie ein bloßes Gewähren- und Darauflosgehen lassen. Das Ziel in dieser Entwicklungsphase besteht darin, die Welt zu erobern und Erfahrungen machen zu können, die für spätere Aufgaben und Lebenssituationen (z. B. beim Rechnen in der Schule oder dem Problemlösen einer schwierigen Aufgabe) von Nutzen sein werden.

Das Neugeborene kann sehen.
Es kann seinen Blick fixieren, mimische Botschaften wahrnehmen und nachahmen.

Der *visuelle Sinn* mit den Augen als Empfängerorganen ist zum Zeitpunkt der Geburt nur eingeschränkt funktionsfähig. Und doch vermag er erstaunliche Leistungen zu erbringen:

Das Neugeborene ist fähig, menschliche Gesichter zu *fixieren,* sofern sich diese im dafür optimalen Abstand von ca. 20–25 cm befinden. In diesem Abstand kann es scharf sehen.

Es reagiert auch auf sich bewegende „Bilder" und versucht, diese mit *suchenden* Blicken festzuhalten bzw. zu fixieren.

Entwicklungspsychologische Forschungen zeigen, daß Neugeborene vorwiegend solche Reize wahrnehmen und sinnvoll verarbeiten, die von Menschen ausgehen. Das gilt in besonderem Maße für den visuellen Bereich. Die Säuglinge reagieren eindeutig auf Gesichter oder Augen, während sie einen roten Ball oder andere Gegenstände „keines Blickes“ würdigen. Es sind entweder keine oder nur sehr kurze Aufmerkreaktionen zu verzeichnen.

Beim Fixieren des *Blickkontaktes* hilft das intuitiv richtige Verhalten der Bezugsperson: Diese bringt ihr Gesicht genau in den optimalen Abstand, damit das Kind scharf sehen kann, ist bemüht, durch Kopfbewegungen und Ansprache die Aufmerkreaktion des Kindes herzustellen und hält oft noch gleichzeitig das Köpfchen fest, was das visuelle Fixieren unterstützt. Auch hier erkennen wir wieder das angeborene Zusammenspiel zwischen Baby und Bezugsperson.

Der Blickkontakt und die Fähigkeit, diesen halten zu können, sind wichtige Elemente einer sozialen Beziehung und der Kommunikationsfähigkeit. Das Neugeborene nimmt über die Entschlüsselung der Gesichtsmimik die Botschaften und die Stimmung des Sozialpartners wahr. Der wahrgenommene Tonfall und möglicherweise noch das Spüren über den Hautkontakt helfen zur Interpretation der Mimik mit. Die Interpretationen sind angeborenerweise „richtig“; das Kind reagiert in angemessener Weise darauf.

Das Neugeborene ist sogar schon kurz nach der Geburt fähig, bestimmte mimische Ausdrucksformen, wie Augenbrauen hochziehen und Zunge herausstrecken, *nachzuahmen*.

Das Neugeborene kann hören.
Es kann einzelne Stimmen herausfiltern und lauschen.

Der *Gehörsinn*, mit den Ohren als Sinnesorganen, ist zum Zeitpunkt der Geburt ebenfalls noch nicht voll entwickelt; dazu benötigt er bis ins Jugendalter hinein Zeit.

Es ist jedoch bekannt, daß Neugeborene ausgezeichnet auf menschliche Stimmen reagieren. Der Gehörsinn ist soweit funktionsfähig, daß er besonders empfindsam auf den Frequenzbereich der menschlichen Stimme anspricht. Die Aufmerksamkeitsreaktion des Neugeborenen erfolgt am zuverlässigsten auf die in aller Welt gebräuchliche „Ammensprache“.

Diese ist durch einen eigenartigen Tonfall und eine leicht angehobene Stimmfrequenz gekennzeichnet.

Man vermutet, daß der Säugling entweder biologischerweise darauf programmiert ist, (höhere) Frauenstimmen besonders zu beachten und aus anderen Stimmen- oder Geräuschquellen herauszufiltern. Eine andere (oder ergänzende) Erklärungsmöglichkeit bietet die Lernpsychologie. Demnach könnte der Säugling durch die vorgeburtlichen Erfahrungen mit dem Frequenzbereich „Frauenstimme" gelernt haben, darauf mit Aufmerksamkeit zu reagieren (Konditionierungsprozeß).

Das Neugeborene kann natürlich auch Töne und Geräusche hören, die von Dingen ausgehen. Da diese aber weder für sein Überleben noch für seine angeborenen Bedürfnisse nach menschlichem Kontakt dienlich sind, werden sie entweder kaum beachtet oder ganz aus der bewußten Wahrnehmung herausgefiltert. Daher scheint es uns oft so, als ob das Neugeborene nicht oder schlecht hören könnte.

2.3 Nur „zusammengehörige" Reize ergeben einen Sinn

Wachstums- und Reifungsprozesse (Entwicklung) des Gehirns sind in hohem Maße abhängig von den *Bewegungen* und den damit einhergehenden Sinnesreizen, die vom eigenen Körper wie auch von der Umwelt ausgehen.

Wenn ein im Bettchen liegendes Baby den Kopf zu Seite dreht, erhält es zunächst *körpereigene* Reize, die aus den Gleichgewichtssinnen, dem Muskel- und Stellungssinn und dem Hautsinn herrühren. Reflektorisch gesteuert, bewegen sich mit der Kopfdrehung auch die Augäpfel mit, und zwar in entgegengesetzter Richtung. Dann erhält es auch von der *Umwelt* ausgehende Reize, hier von der Kopfunterlage und der durch die veränderte Blickrichtung neuen Umgebung.

Neben den durch eigene Körperbewegungen (später auch Handlungen) erzeugten Reizmustern, die an das Gehirn weitergeleitet werden, spielen selbstverständlich auch Reize eine Rolle, die von außen aus den sogenannten Fernsinnen* kommen, also visuelle und akustische Stiumulationen.

Es nutzt jedoch wenig, ein Baby einer Flut von visuellen oder akustischen Reizen auszusetzen, in der Hoffnung, daß damit das Gehirn angeregt würde, mehr Nervenbahnen (sogenannte *Dendriten**) und Schaltstellen untereinander (sogenannte *Synapsen**) zu bilden. Für den Säugling ist das meiste davon sinnloses Material, das daher auch nicht verwertet wird. Manche Säuglinge reagieren auf Reizüberflutungen auch mit Unruhe und gereizter Stimmung.

Worauf kommt es also an?
Gehen wir davon aus, daß *ein* ganz entscheidender Faktor der Gehirnentwicklung in der Aussprossung und Verzweigung von Nervenbahnen (Dendriten*) und der Bildung von Verknüpfungen zwischen ihnen (Synapsen*) besteht. Über das so entstehende *Netzwerk* von Nervenbahnen laufen alle Sinnesreize, die im Gehirn eintreffen. Sie werden *verarbeitet*; d.h. miteinander verglichen, ausgewertet, bewertet oder auch ausgefiltert, falls diese für die momentane Situation als bedeutungslos erachtet worden sind. Damit nun diese Verarbeitungsprozesse sinnvoll sein können, müssen nicht nur *genügend viele*, sondern auch *genügend „richtige"* Verbindungen entstanden sein. Woher „weiß" aber das Gehirn, welche Verbindungen die „richtigen" sind, damit ein sinnvolles Ganzes als Ergebnis des Verarbeitungsprozesses herauskommt? Woher „weiß" z.B. eine Nervenbahn, die für die Weiterleitung von Hautreizen zuständig ist, mit welchen anderen Nervenbahnen, die andere Sinnesreize aufnehmen, an welcher Stelle sie sich sinnvollerweise verknüpfen soll?

Es ist also die Frage, *wer* mit *wem* an welchem *Ort* in welcher *Weise* zusammenarbeitet, damit ein *sinnvolles* Ganzes als Eindruck entsteht.

Genetische Vorprogrammierungen spielen bei derartigen Vorgängen überraschenderweise nur eine untergeordnete Rolle. Sie scheinen zwar die Rahmenbedingungen oder das maximal Mögliche zu bestimmen. Von weitaus größerer Bedeutung sind aber Reize, die durch die eigenen Aktivitäten in einem *lebensnatürlichen Zusammenhang* und den damit einhergehenden *Reizkonfigurationen** auftauchen. Dabei können diese Reizkonfigurationen sich sowohl aus körpereigenen Reizen wie aus Umweltreizen zusammensetzten. Es geht also um Reize, die in ganz natürlichen Lebenszusammenhängen sowohl von innen (dem eigenen Körper) als auch von außen (besonders aus der sozialen Umwelt) kommen. Man spricht hierbei von *„strukturierten Reizen"** (vgl. 17).

Johanna wird gerade gestillt. In dieser lebensnatürlichen Situation erfährt sie verschiedene Reize bzw. Reizkonfigurationen, die im folgenden dargestellt werden.

Hautreize: erstens auf passive Weise, indem sie die Haut der Mutter spürt; und zweitens auf aktive Weise, indem Johanna mit den Lippen und der Zunge die Brustwarze umschließt und saugt. Aktiv auch, wenn sie mit den Fingerchen die Brust der Mutter betastet.

Gleichgewichtsreize: durch die Körperlage und die Drehung des Kopfes hin zur Brust; ebenso durch leichte Lageveränderungen oder Bewegungen, die sowohl von der Mutter wie vom Kind selbst eingeleitet sein können.

Muskelsinnreize: vor allem durch die aktiven Saugbewegungen mit den Lippen, den Wangen und der Zunge und dem Schlucken (reflektorisch gesteuert). Aber auch durch die Körperhaltung selbst und die ersten Tastbewegungen der Hände und Finger.

Geruchsreize: Johanna riecht sowohl die Haut der Mutter als auch die Muttermilch.

Geschmacksreize: Selbstverständlich schmeckt Johanna die süßliche Muttermilch.

Visuelle Reize: Während sie mit kräftigen Saugbewegungen die Milch aufnimmt, hält sie Blickkontakt zur Mutter. Sie sieht deren Gesicht und nimmt auch schon den Gesichtsausdruck mit der entsprechenden Botschaft wahr.

Akustische Reize: Wenn die Mutter liebevoll mit ihr spricht, hört sie schon aufmerksam zu.

Johanna spürt, saugt, riecht, schmeckt, sieht und hört zugleich. Alle Sinnesreize stehen in einem engen, sinnvollen Lebenszusammenhang. Sie werden zu einem *Gesamtbild* der Erfahrung geordnet. Das Neugeborene lernt: Was so riecht und schmeckt, ist Nahrung und zur Mutter zugehörig. Was so aussieht, ist die Mutter, die wärmt und nährt. Was so aussieht, ist das Gesicht der Mutter, das einen freundlichen und wohlwollenden Ausdruck hat. Was so klingt, ist die Stimme der Mutter. Johanna hat in der lebensnatürlichen Situation „gestillt werden" zueinander passende Reize verknüpft.

Eine isolierte Verarbeitung von Sinnesreizen gibt es nicht. Die gleichzeitige Aufnahme von allen möglichen Sinneserfahrungen mit einer Person, einem Gegenstand und/oder einer Situation vermitteln ein „stimmiges" Gesamtbild.

Bei der *Wahrnehmung** geht es immer um eine *„sinnvolle Verarbeitung von Reizen im Zentralnervensystem"* (6). Ob die Wahrnehmungsprozesse sinnvoll sein können, d.h. rasch und ungestört verlaufen, hängt wesentlich davon ab, wieviel sinnvolles Material (Reizkonfigurationen) in den frühesten Lebensphasen in das Zentralnervensystem eingeliefert worden ist. Wie gesagt, davon wird auch bestimmt, wieviel Nervenbahnen sich bilden, welche Nervenbahnen mit welchen anderen Verknüpfungen eingehen und in welcher Weise diese zusammenarbeiten. Kurzum – die Gehirnstruktur und das neuronale Netzwerk sind davon bestimmt.

2.4 Die wichtigsten Entwicklungsanregungen sind die Erfahrungen, die das Kind durch eigene Aktivität macht

In der Entwicklungspsychologie zeichnet sich die Erkenntnis ab, daß „weder Gene noch Umwelteinflüsse die Säuglingsentwicklung steuern, sondern die motorische Aktivität des Säuglings maßgeblich daran beteiligt ist..."(12, S. 9).

Es kommt darauf an, daß schon der Säugling über seine Eigenaktivität (z.B. Gegenstände betasten, aufeinanderbauen, werfen) sowohl die Motorik wie auch die Wahrnehmung immer weiter ausdifferenziert. Das Kind kommt dabei sozusagen *von selbst* auf neue Ideen und eignet sich neue Fertigkeiten an. Es macht Erfahrungen, übt seine Motorik und erwirbt Handlungskompetenz.

Im ersten und zweiten Lebensjahr macht das Kind über all seine Handlungen Erfahrungen mit Materialien: wie diese sich anfühlen, wie sie klingen, welche Geräusche damit erzeugt werden können, wie weich oder hart oder glatt oder rauh oder kühl sie sind, was man alles damit machen kann und vor allem, was geschieht, wenn man sie in der ein oder anderen Weise handhabt. Was passiert wohl, wenn man an der Tischdecke zieht oder den Lichtschalter drückt oder ein Glas auf den Boden fallen läßt? Das Kind erfährt durch seine aktiven Handlungen Ursache- und Wirkmechanismen. (Vgl. hierzu das Beispiel Jonas in Kap. 1.) Dies sind *sensomotorische Aktivitäten* (Piaget), die die Grundlage für die Intelligenzentwicklung bilden.

Das Kleinkind macht durch gezieltes (also durchdachtes!) Probieren auch seine Erfahrungen darüber, *wie* man an seine Ziele kommen kann.

Sarah, 3 Jahre, möchte an die verlockenden Dinge auf dem festlich gedeckten Tisch herankommen. Ganz besonders beeindrucken sie die bunten Blumen. Sie schaut sich das genau an und scheint zu überlegen: Wie gelingt es, diese Blumen in die Hände zu bekommen? Vielleicht ist es hilfreich, auf einen Stuhl zu klettern?

Oder lieber gleich an der Tischdecke ziehen und sich die Dinge so herbeiholen? Sie setzt diesen Plan gleich in die Tat um, zieht kräftig und entdeckt dabei, daß die Blumen tatsächlich immer näher rücken. Jetzt fallen die ersten Teller und Gläser auf den Boden und zerbrechen. Sarah ist einen Moment erschrocken, möchte eigentlich ihren Plan fortsetzen, aber da eilt die entsetzte Mutter herbei und gebietet ihr Einhalt!

Sarah wird immer wieder gleiche oder ähnliche Erfahrungen machen und diese als ihren Erfahrungsschatz speichern, auf dem sie spätere Erfahrungen aufbauen wird, und auf dem sie komplexere Probleme in späteren Lebensabschnitten überdenken und konstruktiv angehen kann.

Pascal, 2 Jahre, hält eine Schuhschachtel in den Händen: Was ist da wohl drin? Was gibt solche Geräusche, wenn ich den Karton schüttle? Wie läßt sich das herausholen? So könnte sein momentanes Problem lauten.

„Einfach einmal auf den Deckel schlagen oder diesen fest drücken. Nein – vielleicht sollte man da etwas hochziehen, so wie bei der Spielzeugkiste auch. (Pascal überträgt das bereits gelernte Handlungsschema ‚hochziehen' auf die neue Situation.) Aber irgendwie geht das nicht so richtig. Also am besten gleich die ganze Schachtel umdrehen. Oder kann man Löcher hineinstoßen ... oder ... oder."

Pascal probiert alle möglichen Varianten aus, um an sein Ziel zu kommen. Aber nicht im Versuchs-Irrtums-Verfahren (vergl. Kap. 2.5), sondern schon überlegt; er nutzt bereits gemachte Erfahrungen.

Ganz nebenbei macht Pascal bei seinen Handlungen eine Menge Erfahrungen, die *nicht* zu seinem Ziel führen, aber doch sinnvoll gespeichert werden – eben als *nicht* zweckdienlich bei diesem Material oder Ziel. Er lernt so, planvoll, zweckmäßig und rasch die Dinge anzugehen.

Ebenfalls wie nebenbei macht er eine Menge *neuer* Erfahrungen: beispielsweise, daß es nicht einfach gelingen wird, mit dem Finger Löcher in einen dicken Karton zu stoßen. Oder wie hohl es klingt, wenn man auf den Deckel klatscht. Oder wie schwer oder leicht sich der Karton anheben läßt. Oder wie leicht sich der Karton bei den verschiedensten Manipulationen verformen läßt usw.

Kleinkinder machen während der so entscheidenden *sensomotorischen Entwicklungsphase** erste, *grundlegende* Erfahrungen, auf *welche Weise was* geschieht, *wie* man am raschesten zum Ziel gelangt, *wie* man den größten Effekt (z. B. Lärm) erzielt und *welche Hindernisse* zu überwinden sind. Sie speichern rasch alle gemachten Erfahrungen. Und daraus entstehen *Handlungskonzepte* („Handlungsschemata" nach Piaget), die in den nachfolgenden Lebensjahren als Basis für „höhere Denkprozesse" dienen. So z. B., wenn Gedanken, Handlungsabsichten, Erlebtes usw. in Sprache übertragen werden soll. Oder wenn Mathematikaufgaben zu lösen sind und Aufsätze formuliert werden sollen. Oder wenn handwerkliche Aufgaben zu meistern sind. Die Lösung jedes Alltagsproblems basiert auf der Grundlage der früh erworbenen Handlungsschemata. Je mehr davon durch freies Spielen und Handeln aufgebaut werden konnten, desto besser und rascher gelingen Lösungen.

Wie im Beispiel Pascal ersichtlich, versucht er das Problem „Schuhkarton öffnen wollen" auf eine Weise zu lösen, wie er es schon von seiner Spielzeugkiste kennt. Er hat das Schema „was einen Deckel hat, kann geöffnet werden" schon gelernt und versucht dieses bekannte Handlungsschema auf das augenblickliche (neue) Problem anzuwenden. Dabei wird er die Erfahrung machen, daß seine Spielzeugkiste keinen „Deckel zum Abheben" hat, sondern einen Deckel, der mit Scharnieren an der Kiste befestigt ist. Und umgekehrt, daß der Deckel des Schuhkartons sich ganz vom Karton abheben läßt. Ein kleiner, aber bedeutsamer Unterschied, der neue Alternativen zur Problemlösung mit dem Schuhkarton erforderlich macht.

Wie kann man sich den Zusammenhang von frühen sensomotorischen Erfahrungen zur Hausaufgabenbewältigung vorstellen?

Konradin, 7;9 Jahre hat folgende Rechnenaufgabe zu bearbeiten:
Aufgabe: In einem kleinen Korb sind 5 Birnen.

a) Max ißt 2 Birnen auf.
   Wieviel Birnen sind noch im Korb?

b) Astrid legt nun wieder 3 Birnen in den Korb hinein.
   Wieviel Birnen sind jetzt im Korb?

Konradin ruft aus seinem reichen Erfahrungsschatz ab, daß ein Korb ein Behältnis ist, in das etwas *hinein*geht und auch wieder *hinaus*geht. *„Hinein" und „hinaus"* sind zwei praktische Handlungserfahrungen in unzähligen Spielhandlungen: als er beispielsweise Löcher und Ritzen erkundete, Schubladen ausräumte, der Mutter beim Ausräumen des Einkaufskorbes oder beim Auffüllen der Gießkanne half, als er gesammelte Steine in Dosen aufbewahrte und sie zu Tauschangeboten wieder herausholte usw.

Damit Max die Birnen essen kann, muß er sie heraus-holen oder von den anderen weg-nehmen. Die konkrete Erfahrung *„weg-nehmen"* und „essen" beinhaltet immer ein *„kleiner*-werden" der *Menge,* oder ein *weg*-sein. Die *konkrete* Alltagserfahrung „wenn ich esse, wird die Menge kleiner oder Teile davon verschwinden", setzt Konradin um in die *abstrakte* Rechenoperation „minus" oder „subtrahieren".

Bei Aufgabe b) greift Konradin auf Erfahrungen von „dazu-legen" und „größer-machen" in seinen Spielhandlungen zurück. Beispielsweise, als er im Herbst Blätter zu großen Haufen auftürmte, um hineinspringen zu können; oder als er seine gesammelten Steine in die Dose füllte und bei jedem neuen Stein *sicht*bar erfahren konnte, wie die *Menge größer* wurde. Die Umsetzung der konkreten Erfahrung „dazu-legen", „dazu-machen", wird in den abstrakten Rechenschritt „plus" oder „addieren" umgesetzt.

Nun muß Konradin zur Lösung der Aufgabe b) noch seine Erfahrungen nutzen, daß von 5 Birnen noch welche *übrig* sein müssen, wenn Max nur 2 gegessen hat. Die Menge 5 ist größer als die Menge 2. Vermutlich hat sich Konradin dieses konkrete Mengenwissen angeeignet, als er unermüdlich Steine sammelte, als er sich den Teller selbst mit dem Löffel 1, 2, 3... Mal voll schöpfen durfte, als er die Treppen hochstieg und 1, 2, 3... Mal die Füße hochsetzen mußte usw.

Als Ausgangsbasis (Zwischenergebnis) für die Rechnung „plus 3" muß er die 3 *übrig* gebliebenen Birnen nehmen. Nur so kommt er zum richtigen Endergebnis.

2.5 Kinder erkunden Neues von Anfang an planvoll

Kinder denken in Problemsituationen natürlich nicht in der Abfolge, wie im Beispiel Pascals (Kap. 2.4) aufgelistet. Sie handeln vielmehr eine durchdachte Variante durch, machen Erfahrungen damit, verwerten diese aufs neue und denken sich darauf aufbauend die neue Variante aus. Sie entwerfen immer wieder neue Ideen, speichern mühelos alle gemachten Erfahrungen und verwerten sie in ähnlichen oder neuen Situationen schon recht ziel- oder zweckorientiert. Sie haben die *grundlegendsten Handlungsschemata* (die Art und Weise des Umgangs mit dem Material/Problem betreffend) *gelernt.*

Wie bedeutsam diese *planvolle Vorgehensweise* in Lernprozessen ist, können wir Erwachsene am ehesten nachvollziehen, wenn wir uns selbst in neuen komplexen Lernsituationen befinden. Stellen wir uns dazu einmal vor, daß wir in einem Computerkurs die ersten Erfahrungen mit diesem *„neuen* Gerät" machen und alles über die moderne Datenverarbeitung lernen wollen. Welche Lern-Erfahrungen können wir dabei machen?

1. Ganz klar: Wir lernen rasch einen Arbeitsvorgang, wenn er uns von einer erfahrenen Person direkt *erklärt* und *gezeigt* wird, und wenn wir sogleich die Möglichkeit haben, das Gelernte *konkret umzusetzen* und *praktisch ausprobieren.*
2. Aber leider ist das einmal Gelernte zu Hause am Computer schon wieder vergessen. Die Übungsphase im Kurs war zu kurz. Trotzdem – einige bruchstückhafte Erinnerungen lassen uns jetzt etwas *ausdenken.* Wir *planen* einen Schritt, den wir gleich auf den Computertasten in die Tat umsetzten und machen dabei die Erfahrung, ob dies der richtige Schritt war oder eben nicht. Im Falle des Erfolgs gibt es natürlich keine weiteren Probleme.
3. Im Falle eines Mißerfolgs allerdings beginnen wir von neuem zu denken. Sofort fragen wir uns, welchen Fehler wir begangen haben. Im günstigsten Falle können wir den Fehler erkennen und korrigieren. Dann erst entwickeln wir die neue

Strategie, die jetzt hoffentlich zum gewünschten Erfolg führt. Ist diese erfolgreich in die Tat umgesetzt, haben wir gelernt, wie das Ziel zu erreichen ist und speichern die gemachte Erfahrung von neuem. Dieses Mal „sitzt" sie besser, da wir *selbst* durch bewußtes Denken (vorausplanen, nach Fehlern suchen, Fehler erkennen und Lösungen daraus ableiten) jetzt das Wie und Warum erfaßt haben.

4. Stellen wir uns als neue Variante einmal vor, wir hätten eine Funktionstaste des Computers betätigt, ohne genau vorausgeplant zu haben, wofür dies gut sein soll. Per Zufall hatten wir Glück, und das Gewünschte erscheint auf dem Bildschirm. Wir freuen uns über den Erfolg, ohne zu wissen, auf welcher Grundlage dieser aufbaut, und arbeiten weiter. Nun kommen wir wieder an eine Aufgabe, die mit der vorangegangenen völlig identisch ist. „Wie war das vorher? Welche Funktionen mußten wir betätigen?" Jetzt können wir nur hoffen, daß es uns wieder einfällt. Mag sein, daß wir uns erinnern – dies ist aber höchst unwahrscheinlich, da wir den richtigen Schritt ja nicht zuvor geplant und *wissentlich* ausgeübt haben. In diesem Fall können wir nicht einmal auf Fehlersuche gehen. Wir können also keine alternativen Handlungen daraus ableiten. Bleibt nichts anderes übrig, als wahllos herumzuprobieren (echtes Versuchs-Irrtums-Verhalten, das wenig nützt). Oder wir müssen den Kursleiter direkt um Hilfe bitten.

5. Gelingt es dem Kursleiter nicht, unseren Fehler herauszufinden, müssen wir wieder auf Stufe 1 zurück und uns den geforderten Schritt nochmals *erklären* lassen.

6. Während des gesamten Kurses können die meisten der Teilnehmer auf „alte" Erfahrungen zurückgreifen und diese verwerten. Die meisten sind im Schreibmaschinenschreiben geübt, wissen also beispielsweise, welche Tasten man für Großbuchstaben oder für ein Leerzeichen betätigen muß. Sie können bereits gelernte Handlungsschemata in *identischer* Weise wieder einsetzen. Dann gibt es Tasten, die die gleiche Funktion wie bei der Schreibmaschine haben, aber zusätzlich noch andere. Hier muß das gelernte Handlungsschema leicht *verändert* werden. Trotzdem haben wir einen Lernvorsprung,

wenn wir „so Ähnliches" bereits in unserem Handlungsschema erworben haben. Wenn wir beispielsweise von einer Automarke auf eine andere umsteigen, müssen wir zwar auch einige Dinge um-lernen, aber im Grunde genommen kennen wir alle Funktionen der Schalter, Hebel, des Lenkrads usw. schon. Wir können gleich losfahren, allerdings bedarf es der etwas erhöhten Aufmerksamkeit auf das Andersartige des neuen Autos. Nicht auszudenken, wenn wir bei jeder Veränderung alles völlig neu lernen müßten und eben nicht auf altbekannte Handlungsschemata zurückgreifen könnten!

Wie Sie Ihr Kind in dieser Phase unterstützen können

Unsere Kinder lernen am meisten, wenn sie alle Möglichkeiten haben, mit den verschiedensten Materialien und Gegenständen umzugehen, und dabei nach Herzenslust ihre Pläne oder Phantasien in die Tat umsetzen können.

Es kommt darauf an, ihnen dafür möglichst *geeignete Materialien* zur Verfügung zu stellen oder sie diese selbst auswählen zu lassen. Alltags- oder natürliche Materialien, z.B. Steine, Schnüre, Dosen, Schuhkartons, Decken, Kleidungsstücke, Abfall aus dem Baugeschäft usw., oder Spielwaren, die das Erkunden anregen und einen phantasievollen Umgang zulassen, sind am besten geeignet. Ich denke hierbei an Bauklötze, an Spielgegenstände, die bei entsprechender Handhabung Geräusche erzeugen oder die man in vielfacher Weise manipulieren kann (zusammenstecken, drehen, schieben, aufbauen usw.). In jeder Küche gibt es interessante Gegenstände. Bei jedem Spaziergang entdecken die Kinder von selbst, was sie für ihre Zwecke nutzen können: Der marmorierte Stein, der große abgebrochene Ast eines Apfelbaumes ist genauso toll wie das kleine Brett und die Backsteine, die achtlos weggeworfen wurden, oder die Entenfeder. Ein Kellerraum, der „Speicher in Omas Haus", die große Kiste, in der sich allerlei angesammelt hat, sind wahre Fundgruben. Natürlich auch eine Kiste oder ein

Schrank, wo sich alte Kleidungsstücke – vielleicht für Fasnachtsveranstaltungen aufgehoben – befinden usw.

Jede Altersstufe hat so ihre speziellen Vorlieben. Während die Ein- bis Zweijährigen sich intensiv mit Alltagsgegenständen und Materialien aus der Natur (also ihrer eigentlichen Umwelt) auseinandersetzen, finden bei den Drei- bis Fünfjährigen Spielmaterialien zusätzliches Interesse. Das fünf- bis sechsjährige Kind interessiert sich bei einer zusammensteckbaren Kugelbahn nicht nur für die rollende Kugel, sondern auch dafür, wie und auf wieviele verschiedene Weisen man die Bahn zusammenstecken kann.

Experimentieren oder das neugierige Erforschen ist in jeder Altersstufe die vorrangige Erkundungsform der Umwelt. Lediglich die bevorzugten Materialien und die Art und Weise der Manipulationen ändert sich in der jeweiligen Altersstufe.

In der allerersten Zeit der sensomotorischen Entwicklungsphase, wenn also die Kinder gerade die Gegenstände greifen und entweder noch mit dem Mund oder den Händen ausgiebig betasten oder auch wenn sie Dinge ausräumen oder irgendwo hineinstecken/hineinwerfen, ist es am günstigsten, die Kinder darin *verweilen* zu lassen.

Ein korrigierendes Eingreifen oder noch so gut gemeinte Hinweise, wie es „besser gelingen mag", sind überflüssig, hindern sogar die Entwicklung. Nur wenn sich das Kind durch seine Handlungen selbst gefährdet (z. B. seine Finger in eine Steckdose steckt) oder wenn wertvolle Gegenstände zerstört werden könnten, ist Einhalt oder Korrektur geboten.

Bei den etwas älteren Kindern, die konstruktive Materialien nutzen, wie z. B. Schienen und Eisenbahnen, die man zusammenbauen muß, die mit allem Möglichen werkeln (z. B. Sandkuchen backen, Getränke mixen, Seifenkisten bauen) und basteln, empfiehlt es sich, die Kinder „ruhig" Fehler machen zu lassen.

Selbstverständlich erfordert es von uns Erwachsenen zurückhaltende Disziplin, wenn wir genau sehen, daß es so, wie das Kind die Sache anpackt, schief gehen muß. Trotzdem gilt: entweder abwarten und beobachten, wie das Kind selbst seinen Weg findet, oder aber lediglich *Hinweisreize* geben. Etwa so: „Ich bin nicht sicher, ob das so klappen wird?" Oder: „Ich glaube, da fehlt noch etwas, was du dazu brauchst." Nur in Ausnahmefällen kann die Lösung direkt vorgegeben werden. Dann nämlich, wenn entweder der dabei angerichtete Schaden zu groß wäre oder das Kind mit der Aufgabe und der Problemlösung bei weitem überfordert ist (also „nie" selbst die Lösung finden kann) oder auch, wenn die Frustrationstoleranz des Kindes erschöpft ist. Sollte es einmal seinen Mißerfolg wirklich nicht verkraften können, ist einfühlsamer Trost hilfreich. Bei entsprechendem Alter des Kindes könnte eine Nachbesprechung der „Fehler" zukünftigen Mißerfolgen entgegenwirken.

Die Phase des Erkundens und des Aufbaus von Handlungsschemata können Eltern unterstützen, indem sie ihre Kinder zu neuen Entdeckungen hinführen. Diese neuen Aspekte wiederum können die Kinder zu neuem Erkundungsverhalten anregen.

Anna, 3 Jahre, pflückt auf der Blumenwiese nur Gänseblümchen. Sie schnuppert ausgiebig daran, betrachtet deren Farben und benennt sie mit „gelb und weiß". Nun zupft sie die Blütenblätter ab und ist fasziniert von dem, was da in der Mitte übrig bleibt. Alle Blüten ihres Straußes erfahren das gleiche Schicksal. Schließlich reißt sie das übriggebliebene gelbe Köpfchen ab und meint „fort". Sie pflückt neue Gänseblümchen und wiederholt ihr Erkundungsspiel.

Die Mutter nimmt jetzt einige der abgerissenen Blütenblätter und kostet sie. Zu Anna sagt sie:

„Gänseblümchen kann man auch essen. Sie schmecken etwas bitter." Anna probiert gleich aus, kaut ausgiebig ein Blütenblatt und spuckt es wieder aus mit den Worten: „Schmeckt nicht." Zur Überraschung der Mutter steckt sich Anna jetzt ein gelbes Blütenköpfchen in den Mund. Anna überträgt das neu Gelernte (Blumenblätter kosten) auf etwas Ähnliches. Wieder spuckt Anna die Blume aus und sagt: „Schmeckt auch nicht."

Die Mutter erzählt ihrer Tochter, daß man Gänseblümchen sogar zu einer „wirklich fein schmeckenden" Suppe kochen kann. Anna ist erstaunt. Sie reicht der Mutter den Blumenstrauß, damit sie ihn zum Kochen nach Hause mitnehmen soll. Zu Hause angekommen, nimmt Anna die Blumen in ihre „Kinderküche", steckt sie in einen kleinen Kochtopf, gießt Wasser dazu und meint: „Jetzt noch Salz, – fertig!" Und natürlich macht Anna jetzt weitere Erfahrungen mit ihrer Suppe.

2.6 Jeder neue Reiz erregt die Aufmerksamkeit des Kindes – alles Neue wird in unzähligen Wiederholungen erkundet

Biologisch bedingt, löst jeder *neue* Reiz eine *Aufmerksamkeitsreaktion* aus. Zum einen dient diese Reaktion der Lebenssicherung, denn es könnte sich ja um einen gefährlichen Reiz handeln. Zum anderen wird diese Reaktion von der angeborenen Neugierde als Triebfeder allen Erkundens getragen.

Nach der Aufmerksamkeitsreaktion versucht das Kind, den neuen Reiz zu *fixieren.* Es behält ihn im wahrsten Sinne des Wortes „im Auge" oder „im Ohr", indem es lauscht oder „in der Hand fixiert", indem es greift , hält, erkundet. Es *verweilt* derart – zumindest für eine kurze Weile, so lange, bis es den neuen Reiz identifiziert oder erfaßt hat.

Das Verweilen-Können stellt eine Vorstufe zur in späteren Jahren geforderten längeren Konzentrationsspanne (Konzentrationsfähigkeit) dar.

Sobald der Säugling greifen kann, holt er sich die erreichbaren Gegenstände herbei, um sie ausgiebig zu erkunden. Er steckt sie in den Mund, um sie mit Lippen und Zunge zu betasten und schmecken zu können. Wenige Monate später – mit fortgeschrittener Entwicklung – geschieht dies mehr mit der Hand, bald mit beiden Händen. Das neugierige Erkunden erstreckt sich von befühlen, betasten, beklopfen, bekratzen, bohren, drücken, greifen, loslassen, wegwerfen, zerdrücken, zerreißen bis hin zu komplexeren Handlungen wie in-etwas-hineinstecken, durch-etwas-hindurchstecken, zudecken, verstecken, mit anderen Materialien zusammenfügen und vieles andere mehr.

Erkundungsaktivitäten wiederholen sich unzählige Male solange, bis das Neue be-griffen, er-faßt und in all seinen Eigenschaften und Zweckdienlichkeiten erforscht und bekannt ist.

Je jünger das Baby, desto eher wiederholt es gleichförmig. Je älter es wird, desto mehr Variationen und Kombinationen mit anderen Materialien/Gegenständen vollzieht es. (Vgl. hierzu das Beispiel Jonas in Kap. 1.)

Ines, 10 Monate, sitzt auf dem Schoß ihrer Mutter und hat beide Hände „frei". Die Mutter sitzt in einem Ledersessel. Auf der Suche nach etwas Erkundbarem ist Ines mit ihren Händchen in Kontakt mit dem Leder gekommen. Sofort hat der Hautsinn etwas „Neues" an Sinneseindruck gemeldet. Ihr ganzes Interesse liegt jetzt im Erkunden dieses neuen Materials: Zuerst kratzt sie mit den Fingerchen auf dem Leder – voll konzentriert – schaut auf die Hände, die kratzen und verweilt einige Zeit dabei. Von ganz kurzen Pausen unterbrochen, kratzt sie immer und immer weiter. Schließlich klatscht sie mehrmals hintereinander mit der flachen Hand auf das Leder, dann setzt sie die kratzende Erkundungsform fort. Nun beugt sie sich mit weit geöffnetem Mund nach vorne. Offensichtlich möchte sie in das Leder beißen oder es belutschen und mit den Lippen betasten. Doch die Mutter ahnt das Vorhaben und hält sie zurück. Ines be-kratzt und be-klatscht wieder. Nach einiger Zeit versucht sie wieder, das Leder in den Mund zu bekommen und diese „neue Ding" einer eingehenden Mundüberprüfung zu unterziehen. Dieses Mal gelingt es ihr. Die Mutter war gerade abgelenkt. Ausgiebigst belutscht, beleckt Ines das Leder und knabbert auch etwas darauf herum. Schließlich bekratzt und beklatscht sie das Leder von neuem.

Ines zeigt die Erkundungsformen bekratzen, beklatschen (Hand) und belutschen, beknabbern (Mund). Sie setzt alle Erkundungsformen abwechselnd ein.

Wie wir an Ines beobachten können, kommen zu den „alten" und schon Monate zuvor geübten Erkundungsformen (hier mit dem Mund) neue zusätzlich hinzu. Bisherige Aktivitäten verschwinden nicht, sondern werden durch neue zunächst ergänzt.

Alle einmal gezeigten Erkundungsaktivitäten bleiben ein Leben lang im Verhaltensrepertoire erhalten. Sie werden je nach Neuigkeit eines Gegenstandes oder einer Situation wiederholt und in verschiedener Weise kombiniert. Beobachten wir dazu einmal einen erwachsenen Menschen unseres Kulturkreises, der zum ersten Mal eine seltene exotische Frucht angeboten bekommt. Er schaut sie sich nicht nur genau an, sondern nimmt sie in die Hände, wiegt sie ab, schüttelt sie, betastet und beschnuppert sie. Gibt es dabei noch etwas zu hören, wie z.B. bei einer frischen Kokosnuß, werden auch die Ohren zur Erkundung miteingesetzt. Und natürlich muß die Frucht gekostet werden. Erst dann hat er sich ein „Bild" von der Frucht gemacht und kann sich für oder gegen den Kauf entscheiden.

Alles anfassen, beriechen, betasten und in den Mund stekken, das sind ursprüngliche Erkundungsformen, die wir in unserer Kultur nur noch Kleinkindern zugestehen. Sie sind jedoch so wesentlich, daß sie in allen Altersphasen wieder eingesetzt werden, wenn Neues erkundet werden soll.

2.7 Je nach Entwicklung bevorzugt das Kind unterschiedliche Arten der Erkundung

Eine neue Erkundungsform taucht zunächst gemeinsam mit den bisherigen Erkundungsmöglichkeiten auf. Anfangs ist sie noch relativ selten, dann aber immer häufiger, bis sie schließlich den Vorrang vor allen übrigen besitzt. Man kann dann beobachten, daß das Kind sich hauptsächlich dieser „neuen Art" zur Erkundung bedient.

Tobias, 1;6 Jahre, hat das Ausräumen als Beschäftigung bzw. Erkundungsmöglichkeit entdeckt. Er sitzt auf dem Boden neben dem mit frischer Wäsche gefüllten Korb. Bis eben war er noch dabei, seine Spielzeugkiste auszuräumen. Ein Gegenstand nach dem anderen flog in hohem Bogen hinaus. Manchmal betrachtete er die Gegenstände nicht einmal mehr, bevor er sie wegwarf. Offensichtlich sind sie ihm so vertraut, daß es nicht mehr um die Gegenstände an sich geht, sondern nur um die Aktivität „ausräumen" oder „wegwerfen".

Nun ist die Kiste leer, alle Gegenstände liegen weit verstreut im Zimmer. (Holen und einräumen ist erst in einem der folgenden Entwicklungsschritte zu verzeichnen, also noch nicht möglich.) Das Spiel ist damit beendet.

Tobias schaut sich nach etwas anderem um und entdeckt dabei den Wäschekorb. Sofort macht er sich an das Ausräumen. Allerdings schaut Tobias hierbei die einzelnen Kleidungsstücke erst einmal an, bevor er sie zur Seite *legt* (nicht wirft). Vermutlich sind die Kleidungsstücke weniger bekannt als sein Spielzeug und damit einfach „interessanter". Jedes Wäschestück wird einzeln gegriffen und sorgsam betrachtet.

Zu unserer großen Überraschung können wir zum Schluß erkennen, daß Tobias beim Ausräumen ein extra Häufchen mit großen und kleinen Socken gebildet hat – so als ob ihm schon jemand Kategorien von Kleidungsstücken beigebracht hätte, was natürlich nicht der Fall ist. Aber Tobias hat durch die alltäglichen Erfahrungen schon längst *gelernt,* was dem gleichen Zweck dient, also zusammengehörig ist.

Während Tobias noch hauptsächlich alles ausräumt, keine Kiste, keine Schublade, kein Schrank, keine Tasche usw. vor ihm sicher ist, beginnt er schon erste Erfahrungen mit einem der nächstfolgenden Erkundungsprinzipien (nach Zusammengehörigkeiten ordnen) zu machen. In späteren Spielen wird das Ordnen nach Zusammengehörigkeiten Vorrang haben. Beispiele hierfür sind Legespiele (mit Formen und Farben); Form-Steckspiele; Kartenspiele mit Symbolen, die ein Paar bilden oder auch Memory-Spiele.

2.8 Verschiedene Aktivitäten entwickeln sich weiter und tauchen in späteren Entwicklungsphasen wieder auf

Die augenfälligsten Aktivitäten in diesem Zusammenhang stellen die sogenannten „Fort-Da-Spiele" dar. Es geht dabei um die Themen „verschwinden – wiederauftauchen" oder „verstecken – entdecken".

Gegen Ende des ersten Lebensjahres, mit zunehmender geistiger Entwicklung, gewinnt das Baby Freude daran, etwas aus dem Blick Verschwundenes wieder auftauchen zu sehen oder zu lassen. Es beginnt mit dem bekannten „Kuckuck-Da-Spiel", wo beispielsweise die Mutter hinter dem Bettchen „abtaucht", um dann mit lautem und fröhlichen „Da!" wieder aufzutauchen. Ähnliches geschieht, wenn ein Erwachsener sein Gesicht mit einem Tuch verdeckt, dieses kurze Zeit darauf wieder entfernt und sich mit dem Kind über den erwarteten Effekt freut.

Das Baby ist entzückt und freut sich jedesmal riesig, wenn das Gesicht/der Mensch wieder auftaucht (siehe auch Kap. 3). Das Spiel könnte sich unendlich wiederholen, mit immer der gleichen Freude.

Je nach Alter und Ängstlichkeit des Kindes übernimmt es selbst die Rolle desjenigen, der sich versteckt oder verdeckt. Mit zu den ersten Ausdrucksformen dieser Art gehört das Augenschließen und Verdecken von Gesicht oder Kopf mit den Händen in dem Glauben, daß man nicht mehr gesehen werden kann. Bald folgen Tücher und Kleidungsstücke, die über (manchmal auch nur auf) den Kopf gelegt werden, um zu „verschwinden". Die Kinder warten gespannt, bis ihnen die Verhüllungen wieder weggezogen werden. Manchmal, besonders wenn es zu lange dauert, übernehmen sie die Enthüllung auch selbst.

Das Spiel setzt sich in der Entwicklung fort, wenn sich das Kind unter der Bettdecke, unter dem Tisch, hinter dem Vorhang und Schrank, in Kisten usw. versteckt. Oder auch, wenn es anfängt, Körperteile im Sand zu verbuddeln, Gegenstände in den Sand eingräbt und noch etwas später Gegenstände einpackt und verschnürt. Die Zeit des „Pakete-Packens" ist angebrochen.

Das Thema Verstecken taucht in noch höherer Form in den Versteckspielen, den Blinde-Kuh-Spielen und auch Memory-Spielen wieder auf. In einigen Tischspielen ab dem Jugendalter geht es ebenfalls um Themen wie entdecken oder wieder auftauchen. Die höchste Form des „Verschwinden-Wiederauftauchen-Lassens" wird wohl in den Zaubereien deutlich. Wir alle kennen den ersten „Zauber" von Zauberern in Märchen, die Spannung bei den ersten selbst ausgeführten Zaubereien als Vorschul- und Schulkind und den ganz großen Zauber im Zirkus oder Varieté.

Voraussetzung dafür, daß mit etwa der zweiten Hälfte des ersten Lebensjahres diese Spielform auftritt, ist die fortgeschrittene Entwicklung der Wahrnehmungsprozesse. Die *seriale Entwicklungsstufe* der Wahrnehmung (siehe Kap. 2.9) versetzt das Kind in die Lage, einen Menschen oder Gegenstand als existent zu betrachten, auch ohne daß es ihn konkret wahrnehmen kann. Es kann sich eine *Vorstellung* (als rein geistiger Prozeß) von dem verborgenen Gegenstand oder der versteckten Person machen.

2.9 Entwicklungsschritte bauen aufeinander auf, vollziehen sich aber überlappend und in gegenseitiger Wechselwirkung

Das im folgenden Kapitel am Beispiel der *Wahrnehmungsentwicklung* dargestellte Entwicklungsprinzip gilt auch für andere Entwicklungsbereiche, beispielsweise für die motorische und sprachliche Entwicklung. Aus Platzgründen wird hier auf die ausführlichere Darstellung verzichtet.

Am Beispiel der Entwicklung der Wahrnehmungsprozesse kann m. E. dieses Entwicklungsprinzip der hierarchischen, sich überlappenden und gegenseitig beeinflussenden Entwicklung sehr gut dargelegt werden. (Die Ausführungen beziehen sich dabei auf die Darstellungen von Affolter zu den Stufen der Wahrnehmungsentwicklung.)

Unter *Wahrnehmung** versteht man die „sinnvolle Verarbeitung von *Reizen* im Zentralnervensystem" (6, S. 10). Die Reize sind die von den Sinnesorganen aufgenommenen und an das ZNS weitergeleiteten Impulse.

Nach Affolters Entwicklungsmodell vollzieht sich die *grundlegende* Entwicklung der Wahrnehmungsprozesse (ca. innerhalb der ersten 12 bis 15 Lebensmonate) in drei Stufen (siehe Abbildung 3). Wie jedes Modell nur theoretische Denkvorstellungen wiedergibt, die die Wirklichkeit ungenau abbilden, so ist auch das Entwicklungsmodell der Wahrnehmungsprozesse lediglich als eine Annäherung an die Wirklichkeit zu verstehen. Das Modell hilft uns jedoch, Verhaltensweisen oder beobachtbare Entwicklungsfortschritte einzuordnen und zu erkennen, auf welcher Entwicklungsstufe sich das Kind gerade in der Hauptsache befindet.

„Stufen" im hier verstandenen Sinn sind Entwicklungsphasen, die aus vorangegangenen Entwicklungsphasen erwachsen sind. Die Übergänge von Stufe zu Stufe sind fließend. Jede Stufe entwickelt sich weiter, während die nächsthöhere Stufe ihre Entwicklung schon begonnen hat oder in „voller Blüte" ist. Die einzelnen Stufen stehen in ständiger Wechselwirkung zueinander; sie bedingen sich im Prozeßverlauf gegenseitig, sowohl von „unten" nach „oben" als auch in umgekehrter Richtung.

Die einzelnen Entwicklungsstufen werden höchst individuell erreicht. Innerhalb einer Altersgruppe von Kindern sind große Streubreiten möglich. Wo ein Kind bereits im Alter von einem Jahr Worte spricht, kann ein anderes Kind diese Leistung erst im Alter von knapp zwei Jahren zeigen.

Auch zeichnen sich auf das einzelne Kind bezogene Unterschiede ab, in welchen Verhaltensbereichen welche Leistungen auf welcher Wahrnehmungsstufe beobachtet werden können. Beispielsweise kann ein Kind in der geistigen Verarbeitung bereits auf serialer Stufe (s. u.) angelangt sein, sich in der emotionalen Verarbeitung jedoch noch hauptsächlich auf intermodaler (s. u.) Stufe befinden.

Ein Kind, das mit einem Jahr schon Worte spricht, ist zweifellos in der *geistigen* Entwicklung auf dem Niveau der Serialstufe angelangt. Sofern es sich noch keine Minute ohne starke Angstentwicklung von den Bezugspersonen trennen kann, wäre es in der *emotionalen* und *sozialen* Entwicklung aber noch auf der intermodalen Stufe.

Das Entwicklungsmodell Affolters berücksichtigt nicht die vorgeburtlichen Anfänge der Wahrnehmungsentwicklung und die damit einhergehende Zusammenarbeit der einzelnen Sinne in einem frühen Stadium. (In Abbildung 3 habe ich diesen Entwicklungszeitraum ergänzt.) Diese erste Form der Zusammenarbeit verändert sich unter den Erfahrungsbedingungen zu dem, was Affolter mit „modalitätsspezifischer" Reizverarbeitung bezeichnet. Dies ist nur ein scheinbarer Rückschritt im Vergleich zu der komplexeren Verarbeitungsmöglichkeit im direkt nachgeburtlichen Zeitraum.

Abbildung 3: Entwicklung der primären Wahrnehmungsprozesse in Anlehnung an das Modell von Affolter

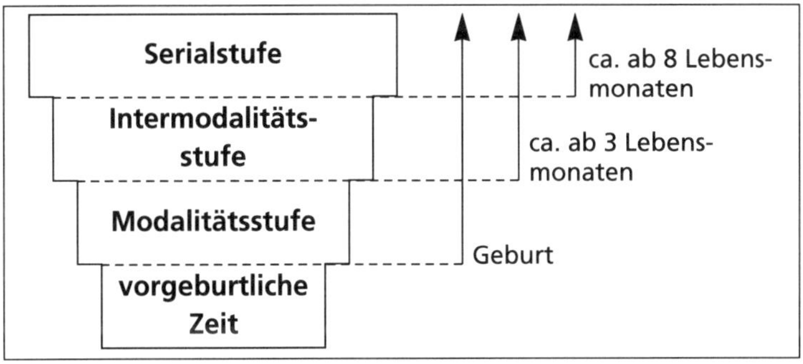

Modalitätsstufe: von der Geburt an bis ca. 3./4. Lebensmonat.

Die Modalitätsstufe ist die Zeit, in der der Säugling vorwiegend mit zwei „Aufgaben" beschäftigt ist: einmal mit der Regulation seines psycho-physiologischen Gleichgewichts (Hunger, Durst, Kälte, Schmerzen usw. müssen beseitigt und die Atem- und Kreislauffunktionen stabilisiert werden u. a. m.). Zum anderen zielt sein ganzes Handeln auf die Ausgleichung seiner emotionalen Lage.

Wie schon erwähnt, besitzt der Säugling zum Zeitpunkt der Geburt bereits angeborene Fähigkeiten, auf seine soziale Umwelt zu reagieren und diese durch selbst initiiertes Handeln auch zu aktivieren. Diese Fähigkeiten basieren auf den bis dahin entwickelten *Wahrnehmungsfunktionen.*

Obgleich die einzelnen Sinnes*modalitäten* (z. B. Hautsinn, Gehörsinn) nachgeburtlich in bestimmter Weise zusammenarbeiten, entwickeln sie sich in dieser Phase durch die Sinneserfahrungen der *einzelnen* Sinnessysteme erst einmal für sich weiter. Die wesentlichen Entwicklungsfortschritte vollziehen sich demnach *innerhalb* einer jeweiligen Sinnesmodalität. Durch Eigenaktivität und Sinnesreize, die von außen kommen, wird im Gehirn vor allem die Aussprossung von Nervenbahnen (Dendriten) angeregt. Bildlich gesprochen werden die Leitungen gelegt, innerhalb deren dann die Sinnesreize verarbeitet werden. Je mehr solcher Leitungen gebildet werden, desto rascher und besser kann die Wahrnehmungsverarbeitung funktionieren.

Besonders schöne Beispiele beobachten wir in der Entwicklung des Tastsinnes. Der Säugling *steckt* zunächst seine Finger oder eine Hand *in* den *Mund* und *saugt* daran. Bald *lutscht* er ausgiebig daran. Eine Weiterentwicklung des Tastsinnes stellt die Benutzung der *Hände als Tastorgane* dar. Derartige Beobachtungen sind bereits in der Modalitätsstufe zu machen. Wie erwähnt, setzten sich die in der Modalitätsstufe begonnenen Entwicklungsprozesse über die nächstfolgenden Stufen weiter fort.

Intermodalitätsstufe: ca. vom 3./4. bis zum 8. Lebensmonat.

Die Zeit der Intermodalitätsstufe ist die Zeit der lustvollen Entdeckungen und der Umwelteroberungen.

Auf der intermodalen Stufe vollziehen sich über die einzelnen Aktivitäten und Erfahrungen in lebensnatürlichen Zusammenhängen *Verknüpfungen zwischen den einzelnen Sinnesmodalitäten.* Jedes Sinnessystem wird mit jedem anderen Sinnessystem über die Synapsen (Kontaktstellen) verschaltet.

Es entsteht ein weitverzweigtes Netzwerk von Nervenbahnen, das möglichst dicht und komplex verschaltet sein soll. Je besser das *neuronale Netzwerk** entwickelt ist, desto besser (d. h. rascher, präziser, sinnvoller) verlaufen die Verarbeitungsprozesse im Gehirn.

In Abhängigkeit von der Qualität des neuronalen Netzwerkes vollziehen sich beispielsweise die Intelligenz- und Sprachentwicklung, die emotionale und soziale Entwicklung.

In dieser Zeitspanne kommt es im Umgang mit dem Säugling besonders auf genügend positive Zuwendung und Erfahrungsmöglichkeiten in natürlichen Lebenssituationen (unter sozialem Kontakt!) an.

Beispiele für intermodale Leistungen, die in diesem Zeitraum zu beobachten sind:
- Das Kind *wendet* seinen *Blick/Kopf* in die Richtung der *gehörten* Mutterstimme (Verknüpfung von akustischen mit visuellen und taktil-kinästhetischen Sinnen).
- Das Kind beginnt mit *Saugbewegungen,* während es die Geräusche der geschüttelten Babyflasche *hört* (Verknüpfungen von akustischen mit geschmacklichen und taktil-kinästhetischen Sinnen).
- Das Kind beginnt zu *saugen,* wenn es die Babyflasche in der Hand der Mutter *sieht* (Verknüpfungen von visuellen Sinnen mit geschmacklichen und taktil-kinästhetischen Sinnen).

Serialstufe: Etwa ab dem 8. Monat bis zum 12./15. Monat.

Die Serialstufe (Aneinanderreihung, Verkettung von Reizen) ist die Zeit der intensiven Erkundungen und Manipulationen mit allen möglichen Materialien. Die Hauptleistung dieser Stufe ist das *Erkennen* von Zusammenhängen, von Ursache- und Wirkungsprinzipien und von zeitlichen Abfolgen. Das Kind selbst beginnt jetzt Reihen und Ordnungen zu bilden, indem es z. B. Bausteine nebeneinander oder aufeinanderlegt oder indem es feste Rituale entwickelt. (Vgl. auch Kap. 2. 14)

In der Serialstufe vollzieht sich ein gewaltiger Schritt in der

Intelligenzentwicklung. Dazu gehört wesentlich auch die Sprachentwicklung. Jedes gesprochene Wort ist ein Zeichen für Serialentwicklung, da Sprache auch immer einen *geistigen* Prozeß der Verarbeitung (z. B. im Erkennen der Begriffsbedeutung) voraussetzt. Und jedes Wort ist ja nichts anderes als eine Aneinanderreihung von Einzellauten. *Erkennen* ist ein rein geistiger Akt. Das bedeutet, daß auf dieser Stufe der Wahrnehmungsentwicklung sich das Kind erstmalig etwas *vorstellen* kann, sozusagen vor seinem „geistigen Auge" repräsentiert. Der Gegenstand oder die Person muß nicht mehr direkt mit Sinnen wahrnehmbar sein, sondern kann geistig als existent „behalten" werden. Auch kann es bereits „im Geiste" etwas durchdenken und planvoll handeln.

Beispiele für Beobachtungen zu serialen Leistungen:
- Das Kind kann sich die Mutter als weiterhin existent vorstellen, wenn diese für kurze Zeit den Raum verläßt. Es hängt von der Entwicklung innerhalb der serialen Stufe ab und natürlich auch von bisherigen Trennungserfahrungen und augenblicklichen Befindlichkeiten, wie lange die Zeitspanne der Abwesenheit von Bezugspersonen ohne Ängste dauern darf. Grundsätzlich kann man davon ausgehen, daß erst mit Einsetzen der Serialstufe kurzfristige Trennungen problemlos geschehen können.
- Damit zusammenhängend sehen wir, daß die Kinder sich immer weiter und immer öfter für kurze Zeit von Bezugspersonen entfernen können. So kann die Mutter getrost auf der Bank im Spielpark sitzen, während ihr Kind weiter entfernt von ihr im Sandkasten spielt.
- Das Kind knipst immer und immer wieder den Lichtschalter aus und an, wobei es genau auf die Lichteffekte achtet. (Es bildet eine Reihe von Handlungen und erkennt gleichzeitig Ursache und Wirkung.)
- Das Kind erkennt an den Handlungen der Mutter (Tisch decken), daß es gleich etwas zu essen gibt. (Die Handlungskette Tisch decken – essen ist aufgebaut und geistig repräsentierbar.) Es hat ein Verständis für „vorher-nachher" entwickelt.

- Das Kind sucht einen Bauklotz/Ball, der ihm vom Kinderstuhl heruntergefallen ist. Das noch 7/8monatige Baby sucht kurz mit Blicken, während das 12monatige Kind bereits Suchaktionen unternimmt, bis es den Gegenstand wiedergefunden hat. Bei einem Kind auf der Intermodalstufe wäre kein Suchverhalten zu erkennen. Bei diesem Kind gilt der Satz: „Aus den Augen, aus dem Sinn"; es ist also noch auf die direkten Reize angewiesen.

  In der aktiven Sprachentwicklung sind erste Aneinanderreihungen von Silben zu beobachten: z. B. „ma-ma", „pa-pa", „wau-wau" (als gleichlautende Silbenpaare) oder „Au-to", „Na-ne" (für Banane) als ungleiche Silbenpaare.
- Kleine Handlungsketten sollen beobachtbar sein, wie sie z. B. folgende Handlungen darstellen:
  Eine Schublade/Kiste usw. ausräumen.
  Bauklötze aneinander- oder aufeinanderbauen.
- Wiederholtes Spielen von bekannten Spielen wie „Verdekken – Wiederauftauchen". Auspacken von Kartons oder auch Geschenken. (Wobei es hier noch nicht auf die geordnete Reihenfolge der Handlungen ankommt – also erst muß das Geschenkband, dann das Papier entfernt werden –, sondern vielmehr auf die Vollständigkeit.)

In der Phase der Serialstufe beginnt auch die Zeit der „festen Ordnungen" und der Rituale.

Die Ordnungsprinzipien sind individuell verschieden und oft den Gewohnheiten der Familienmitglieder angepaßt. (Vgl. auch Kap. 2. 14.)

Beispiele hierfür sind:
- Das Kind möchte nur mit dem ganz bestimmten (Kinder-) Löffel essen, den es immer zum Essen erhält.
- Sein Lieblingsplüschtier (oder sonst ein bedeutsames Objekt) muß zum Einschlafen immer neben dem Kopfkissen liegen; oder es muß beim Essen grundsätzlich „zuschauen".
- Geliebte Spielwaren müssen abends unbedingt an ihren ganz bestimmten Platz geräumt werden.

- Zu bestimmten Anlässen oder Aktivitäten muß immer dasselbe Kleidungsstück getragen werden.

Beispiele für Weiterentwicklungen der Serialstufe über die Zeitspanne von 11 bis 12 Monaten oder 11 bis 15 Monaten hinaus:

In der weiteren Entwicklung der Serialstufe vergrößern sich die Handlungsketten und auch die Gedächtnisspannen. Während sich das Kind zu Beginn der Sprachentwicklung lediglich kurze Worte in der Wortgestalt merken kann (z. B. „Ball", „Mama", „Papa", „wau-wau") und längere Worte verkürzt oder verstümmelt (z. B. „Lade" = Schokolade), zeigt sich mit zunehmendem Alter eine zunehmende Sprechfertigkeit.

- Aus den verstümmelten oder verkürzten Begriffen werden die korrekten Bezeichnungen; aus dem Ein-Wort-Satz wird der Zwei- und Drei-Wort-Satz usw. Die Serialentwicklung im Bereich der aktiven Sprache setzt sich bis ins Jugendalter hinein fort.
- Davon hängt auch ab, wieviel sich ein Kind merken kann, wenn es einen Auftrag bekommt. Ob ein vierjähriges Kind sich nur *einen* Auftrag oder mindestens zwei Aufträge in Folge merken kann, ist für das Sozialverhalten schon entscheidend. Wenn die Mutter sagt: „Bitte wasch dir die Hände und komm dann zu Tisch", kann von einem vierjährigen Kind die *vollständige* Ausführung erwartet werden. Wesentlich jüngere Kinder dagegen führen entweder nur einen Auftrag von beiden aus oder gar keinen, weil sie infolge der Über-Länge nicht speichern konnten. Man sagt auch: Die *Handlungskette* ist verkürzt.
- Handlungsketten werden generell immer größer und vor allem vollständig ausgeführt. Ein fünfjähriges Kind kann sich normalerweise schon selbständig anziehen, ohne Kleidungsstücke zu „vergessen". Ein sechsjähriges Kind kann problemlos den Tisch für das Abendbrot decken, wobei Teller, Bestecke und Gläser und je nach Gewohnheit auch Tischsets dazugehören. Ein dreijähriges Kind dagegen deckt zwar lie-

bend gerne den Tisch, ist aber mit Aufdecken der Teller oft schon am Ende der Handlung angelangt. Es liegt also nicht an fehlender Lust oder mangelndem Durchhaltevermögen, sondern an einer (altersgemäß) noch nicht hinreichenden Serialentwicklung.

- Das Verständnis von Zeitbegriffen nimmt immer mehr zu. Zu Beginn der Serialstufe bereitet es noch Mühe, ein sprachlich formuliertes „nachher" oder „später" in der Bedeutung zu erfassen. Dies muß erst über eigene Handlungserfahrungen – gerade in dieser Entwicklungsstufe – erfahren werden. Mit zunehmendem Alter können Zeitbegriffe wie „in 10 Minuten" oder „heute abend" oder „gestern" und „morgen" usw. in eine sinnvolle Zeitreihe gebracht werden.

Bis ins Grundschulalter hinein werden Zeitbegriffe von unseren Kindern noch recht unsicher verwendet. Das berühmte „über-gestern" statt „über-morgen" oder „vor-morgen" statt „vor-gestern" und Verständnisprobleme von komplexeren Zeitbegriffen wie „in wenigen Wochen" zeugen von den langen Entwicklungsprozessen innerhalb einer einzigen Entwicklungsstufe.

Beispiele für die gegenseitige Einflußnahme von Entwicklungsstufen:

Gegenseitige Wechselwirkungen geschehen in beide Entwicklungsrichtungen: nach „oben" hin, aber auch nach „unten". Die Wechselwirkungen bestehen sowohl im positiven (d. h. erwartungsgemäß) wie auch im negativen (d. h. nicht-altersgemäß) Fall. Die nachfolgenden Fallbeispiele von Jessica und Manuel zeigen negative Fälle, während das Beispiel von Astrid die „normale", erwartungsgemäße Entwicklung beschreibt.

Jessica, 4;3 Jahre, wird von ihren Eltern als ein sehr sprachgewandtes Kind beschrieben. Sie scheint tatsächlich hier eine persönliche seriale Leistungsstärke aufzuweisen. Sie wird aber im Spielverhalten als „ungeduldig" und „quengelig" beschrieben. Der Vater erzählt: Das Mensch-Ärgere-Dich-Nicht"-Spiel hält sie nie bis zum Ende durch. Sie weiß auch nie die Richtung, in die ihr Männchen *nach vorne* bewegt werden muß. Jessica fährt mal mit dem Männchen nach vorne, beim nächsten Spielzug wieder nach hinten. Sie verliert einfach die Geduld dabei.

Es ist klar, daß Jessicas Lust am Spiel nicht lange genug anhalten kann, da sie infolge der räumlichen Orientierungsschwierigkeit (Richtungsprobleme) viele Frustrationen erleiden muß. Die räumliche Orientierungsfähigkeit baut sich in der modalen und vor allem intermodalen Entwicklungsstufe auf. Ohne schon zu wissen, weshalb diese Entwicklungsschritte nicht vollständig ausgebildet sind, kann man auf jeden Fall den Eltern raten, die sprachlichen Stärken für die Ausbildung der räumlichen Orientierungsfähigkeit zu nutzen. Bei entsprechend guter Intelligenzkapazität kann das Kind – sozusagen stellvertretend für ausgebliebene Erfahrungsprozesse in der sensomotorischen Phase – die geistig-sprachlichen Fähigkeiten zum „Nachlernen" oder zumindest zum Kompensieren nutzen. In diesem Fall hoffen wir auf eine nach „unten" gerichtete Wechselwirkung der Serialstufe auf die beiden vorangegangenen Stufen.

In Manuels Beispiel zeigt sich die nach „oben" wirkende Wechselwirkung von der modalen zur intermodalen Stufe bis hin zur Serialstufe.

Manuels Eltern stellen ihn wegen einer „Sprachentwicklungsstörung" vor. Er spreche für sein Alter (3 Jahre) zu wenig, bilde Sätze mit höchstens zwei bis drei Worten, verstehe vermutlich auch nicht alles, was man ihm sage. Die Entwicklungsstörung zeigt sich deutlich auf Serialstufe in Form der Sprachentwicklungsauffälligkeiten. Es interessiert also die Frage, ob und welche Lücken in den vorangegangenen Stufen der Wahrnehmungsentwicklung vorhanden sein könnten.

Die anamnestische* Befragung und testdiagnostische Befunde ergaben, daß von einer Hautsinnstörung (modale Ebene) und einer Störung des Muskelsinnes ausgegangen werden muß, die sowohl die intermodale als auch die seriale Stufe nachhaltig beeinflußten: Die Auffälligkeit der Wahrnehmungsverarbeitung der Hautreize zeigte sich schon im ersten Lebensjahr. Manuel sei als Baby „recht bequem" gewesen, habe kaum einmal nach etwas gegriffen, sei „überhaupt kein Schmusekind" gewesen, sondern habe zärtliche Berührungen unwillig abgewiesen. Da er selten Gegenstände in der Hand gehalten hat, konnte er sie weder zum Mund zum Betasten und Erkunden führen noch beschäftigten seine Hände sich ausgiebig mit dem Material. Damit blieb schon die erste Stufe des Erkundungsverhaltens aus. Intermodale Verknüpfungen zwischen den einzelnen Sinnesmodalitäten konnten sich nur ansatzweise entwickeln.

Den Beschreibungen der Eltern zufolge ist zu vermuten, daß Manuels Greifreflex sogar noch im zweiten Lebensjahr wirksam gewesen muß. Manuel konnte daher die Hände während des gesamten ersten Lebensjahres nicht willentlich öffnen, wenn er schon einmal etwas in der Hand hielt. Wie soll da Spielverhalten möglich sein? Wie soll er mit den Gegenständen manipulieren können? Sie greifen und fallenlassen oder wegwerfen und Erfahrungen über alle Sinne und Wirkungen seines Handelns machen können? Das übermäßig lange Andauern des Greifreflexes ist dem Kinderneurologen nach höchstwahrscheinlich Ausdruck eines verzögerten Reifungsprozesses von bestimmten motorischen Hirnzentren. Eine spastische Körperbehinderung konnte er nicht nachweisen. Der einzige neurologische Befund bestand in einen etwas erhöhten Muskeltonus (Muskelspannung) im gesamten Körper. Dies bedeutet, daß die Sinnesinformationen aus dem Muskelsinn bereits auf modaler Stufe nicht korrekt verarbeitet werden.

Die Ablehnung von Zärtlichkeiten könnte auf eine Überempfindlichkeit im Hautsinn hinweisen. Ganz gleich, ob die Wahrnehmungsauffälligkeit die Ursache dafür war oder nicht – Folge davon ist, daß der Dialog zwischen Mutter und Säugling in bestimmter Weise beeinträchtigt war. Die *vorsprachlichen kommunikativen Kompetenzen** (vgl. Kap. 2) konnten von den Bezugspersonen nicht ausgiebig bestärkt werden.

Manuels Sprachentwicklungsstörungen basieren demnach auf zwei Ursachen:

1. Auf einer Störung der Wahrnehmungsentwicklung auf modaler und intermodaler Stufe infolge der Hautsinn- und Muskelsinnstörung und der zusätzlich vorhandenen motorischen Auffälligkeit.
2. Auf der unglücklicherweise eingeschränkten Entwicklung der vorsprachlichen Kommunikationsfähigkeit, die ja Vorbedingung für die sprachliche ist. Im Falle Manuels hat sich diese Kommunikationsstörung als sekundäre Folge der Wahrnehmungsstörungen herausgebildet, und nicht (!) weil eine Mutter-Kind-Beziehungsstörung bestanden hätte.

Astrid, 1;6 Jahre, ist ein munteres, an allem sehr interessiertes kleines Mädchen. Sie „hilft" der Mutter mit großer Begeisterung beim Kuchenbacken. Stolz rührt sie mit dem Kochlöffel den Rührteig. Dabei bemerkt sie, daß das ganz schön schwer geht. Mit kräftigen Bewegungen bemüht sie sich weiter. Als Belohnung und kleine Pause nascht sie vom Teig. „Mhm, das schmeckt gut!" Die Mutter reicht ihr eine besondere kleine Kastenform, damit Astrid den Teig dort hineinfüllen kann. Astrid versucht es mit einem Eßlöffel, was ihr mit einigem „Geschmiere" an Händen, Teigschüssel und ihrer Kleidung auch gelingt. Das Werk ist vollbracht! Als sie beobachtet, daß die Mutter den Teig in den Backofen schiebt, holt sie ihre kleine Backform und möchte sie selbst in den Ofen stecken. Da dieser aber schon vorgeheizt ist, nimmt ihr die Mutter diesen Schritt vorsichtshalber ab.

Astrid zeigt für ihr Alter eine sehr gute Ausdauer. Selbst kleinere Frustrationen beim Rühren halten sie nicht davon ab, die Handlungskette „Kuchenbacken" fortzuführen. Astrid lernt von der Mutter über aufmerksames Beobachten (Lernen am Modell) und kann die Beobachtungen in ihre eigene Motorik übertragen. Die Übertragung des Gesehenen in die Motorik ist eine intermodale Verknüpfungsleistung zwischen visueller und taktil-kinästhetischer Wahrnehmung. Die Art und Weise, wie Astrid die einzelnen Teilschritte motorisch beherrscht, in der richtigen Reihenfolge produziert und auch zu Ende führt, läßt vermuten, daß Astrid in allen Stufen der Wahrnehmungsentwicklung altersgerechte Leistungen zeigt. Man könnte sogar von überdurchschnittlich fortgeschrittener Entwicklung sprechen.

Selbstverständlich plappert Astrid nebenher viel, und die Mutter ist bedacht, ihr sprachlich zu vermitteln, was das alles ist: „Jetzt brauche ich Mehl. Ja das staubt ein bißchen. Dann schütte ich Zucker und etwas Salz hinzu..." So lernt Astrid nebenbei die sprachlichen Begriffe und die sprachlichen Ausdrucksweisen für Handlungsabläufe. Und das Schönste daran: Astrid ist in der Nähe der Mutter, in gutem sozialem Kontakt mit ihr. Die Welt ist für beide ganz in Ordnung.

2.10 Entwicklungsprozesse verlaufen nicht immer kontinuierlich – Entwicklungssprünge und Entwicklungsrückschritte sind normal

Im Laufe der Entwicklung in den verschiedenen Bereichen (Wahrnehmung, Motorik, Intelligenz, Sprache, emotionales und soziales Verhalten) treten immer wieder deutliche und diskontinuierliche Sprünge nach hinten oder nach vorne auf.

Bei den scheinbaren Rückschritten handelt es sich in den allermeisten Fällen um vorübergehende Erscheinungen. (Ausnahmen sind Folgen einer Erkrankung, einer Behinderung oder einer längerandauernden psychischen Belastung; sog. psychische traumatische Einzelereignisse können u. U. ebenfalls die Entwicklungsverläufe beeinflussen.)

Die gerade ein Jahr alte Susanne sprach seit einigen Tagen ihre ersten Worte: „ma-ma, ba-ba, ball". Unerklärlicherweise war heute noch kein einziges Wort zu hören. Wie sich zeigen würde, spricht sie innerhalb der folgenden zwei Wochen ebenfalls kein sinnvolles Wort mehr; sie lautiert aber weiterhin so, wie zuvor auch. Dann wieder – ganz plötzlich – spricht sie innerhalb eines Tages gleich viele Worte. Die „alten" Worte tauchen wieder auf und werden ergänzt durch zwei neue; nämlich „pa-pa" und „wau-wau".

Wie an diesem Beispiel ersichtlich, taucht die alte Leistung nicht nur wieder auf, sondern die Sprachentwicklung ist sogar unmerklich weitergegangen.

Sören, 6;3 Jahre, ist ein „wilder Junge". Im Kindergarten turnt er auf allen Bänken und Stühlen herum. In den Turnstunden ist er begeistert dabei. Auf dem Spielplatz klettert er auf die Bäume, schaukelt heftig mit der größten Schaukel auf dem Platz und rollt begeistert einen kleinen Abhang hinunter.

Die Erzieherinnen des Kindergartens hatten Sören bisher als einen Jungen eingeschätzt, der motorisch sehr geschickt und flink ist. Seit einigen Wochen jedoch bemerken sie, daß Sören bei seinen sportlichen Aktivitäten ungeschickt ist. Zum ersten Mal war er auch von der Sprossenleiter im Flur gestürzt und hatte sich leicht verletzt. Überhaupt wirken seine Bewegungen gar nicht mehr so geschmeidig wie zuvor. Es scheint, als ob er sich in seinen motorischen Fähigkeiten verschlechtert hätte.

Nur gut, daß die Erzieherinnen wissen, daß dem nicht so ist. Sie vermuten, daß bei Sören gerade der entwicklungsbedingte (normale) Gestaltwandel stattfindet, den alle Kinder im Übergangsstadium vom Vorschul- zum Schulkind vollziehen. Der Wachstumsschub in dieser Zeit – ähnlich auch in der Pubertät – läßt die Körperkoordination und die Bewegungsabläufe momentan etwas durcheinander geraten. Das Kind muß erst lernen, sich auf seinen neuen Körpermaße einzustellen. D. h. das Gehirn schafft diese Aufgabe von selbst, sofern das Kind sich ungehindert seinem üblichen Bewegungsdrang hingibt.

Peter, 3;5 Jahre, soll demnächst in den Kindergarten kommen. Die Eltern halten ihn emotional für reif genug. Mit Trennungen habe er keine Probleme mehr; auch könne er gut mit anderen Kindern spielen.

Am ersten Tag und in den folgenden vier Wochen im Kindergarten verhält sich Peter den Erwartungen der Eltern gemäß. Doch in der fünften Woche weint er jeden Vormittag, wenn die Mutter sich von ihm verabschieden will. Er weint so herzerreißend und dies jetzt schon einige Tage hintereinander, daß sie sich ratsuchend an die Erzieherin wendet. Vielleicht war auch etwas Unangenehmes im Kindergarten vorgefallen? Doch die Erzieherin hat keinen besonderen Vorfall bemerkt.

Da die Mutter ebenfalls keine Erklärung für sein Verhalten findet, bleibt nichts anderes übrig als abzuwarten. Natürlich soll Peter entsprechend schonend und gut vorbereitet die morgendliche Trennungssituation erfahren können. Es ist auch hilfreich, wenn die Erzieherin sich gleich nach der Verabschiedung von der Mutter speziell um ihn kümmert und ihn von seinem Schmerz ablenkt. Notfalls könnten Übergangslösungen in Erwägung gezogen werden. Z. B. könnte die Mutter morgens etwas länger mit in der Gruppe bleiben und mitspielen oder der Erzieherin behilflich sein. Oder sie könnte Peter für einige Tage erst nachmittags in den Kindergarten bringen.

2.11 Kinder entwickeln sich unterschiedlich schnell

Es ist allgemein bekannt, daß jedes Kind sein eigenes Entwicklungstempo und -muster hat. Während das eine Baby mit 12 Monaten schon frei gehen kann, ist das andere noch beim Krabbeln oder kann sich gerade eben an Möbelstücken in den Stand hochziehen.

Ähnliches gilt auch für die Sprachentwicklung. Während viele Kinder mit eineinhalb Jahren schon viele Worte sprechen, beginnen andere Kinder erst sechs bis zwölf Monate später damit. Noch größere Streubreiten sind beim Sauberwerden bekannt. Einige Kinder sind bereits mit einem Jahr trocken, während die meisten Kinder der „Papierwindelgeneration" dies erst zwischen dem zweiten und dritten Lebensjahr schaffen. Papierwindeln saugen die Flüssigkeit rasch weg, so daß das Kind zuwenig „Feuchtigkeitsrückmeldungen" für den Lernprozeß erhält. Einige Kinder benötigen sogar bis ins fünfte Lebensjahr hinein Zeit.

Individuelle Entwicklungsverläufe sind von sehr vielen Bedingungen abhängig; u. a. von:
- genetisch bedingten Anlagen (wie z. B. Persönlichkeitsvariablen; Reifungstempo);
- den Anregungen, die das Kind von außen erhält;

- den Möglichkeiten sich selbst aktiv betätigen zu können;
- den Anforderungen, die seitens der Eltern an das Kind gerichtet werden;
- der Häufigkeit und Qualität der Interaktionen zwischen Kind und Bezugspersonen.

Die großen *interindividuellen* Streubreiten in den ersten Kindheitsjahren machen es im kritischen Fall oft schwer zu entscheiden, ob ein besorgniserregender Entwicklungsstand eines Kindes in *einem* der genannten Bereiche noch als altersgerecht oder als auffällig zu beurteilen ist. Sind hingegen in *mehreren* Entwicklungsbereichen gleichzeitig Auffälligkeiten zu verzeichnen, so ist von einer Entwicklungsverzögerung oder gar einer Störung auszugehen. Als äußerst kritisch bewerte ich scheinbar beruhigende Sätze wie „Das kommt schon noch" oder „Das Kind ist eben ein Spätzünder". Die Ursachen sollten in einem solchen Fall generell von Fachleuten abgeklärt werden, damit im Bedarfsfall rasch geeignete Hilfestellungen geboten werden können.

Hinzu kommt, daß bei ein und demselben Kind der Entwicklungsstand in den verschiedenen Bereichen auf unterschiedlichem Entwicklungsniveau sein kann (*intraindividuelle* Streubreite). Beispielsweise kann ein Kind in der motorischen Entwicklung schon den Stand eines sechs Monate älteren Kindes aufweisen, während es im Vergleich zum selben Kind in der Sprachentwicklung genau gleich entwickelt ist und in der Spielentwicklung etwas „hinterherhinkt".

Diese individuellen Eigenheiten sind völlig normale Entwicklungsvarianten und bieten keinen Anlaß zur Sorge. Entscheidend ist immer, daß die Entwicklung insgesamt betrachtet voranschreitet und keine allzu großen Unterschiede zwischen einzelnen Bereichen auftauchen. Eine Ausnahme bilden Spezialbegabungen. Hervorragende Leistungen sind häufig im kreativen Bereich (malen, musizieren u. a.) oder im intellektuellen Bereich (rechnen, lesen, schreiben, Schach spielen, Sprachgewandtheit) zu erkennen.

2.12 Kinder entwickeln sich in der Beziehung zu anderen Menschen

Kinder brauchen emotional positive Beziehungen und eine stabile Umwelt.
Eltern sind intuitiv die besten Entwicklungsbegleiter und -förderer.

Neuere entwicklungspsychologische Forschungen weisen immer deutlicher auf die entscheidende Lebensspanne des ersten Lebensjahres für die emotionale, soziale und geistige Entwicklung hin. Man bezeichnet diese Lebensspanne als eine *kritische Zeit* für die Entwicklung von Bindungsfähigkeit, Vertrauen und eines grundlegenden Gefühls von Sicherheit. Es ist die Zeitspanne, in der für die gesamte Lebenszeit die Grundmuster für alle sozialen Beziehungen bzw. Verhaltensweisen gelegt werden. In dieser Zeitspanne reagieren Kinder also hochsensibel auf alle sozialen Angebote; sie ist jedoch nicht unbedingt eine Prägungsphase. Auch in späteren Entwicklungsphasen können neue soziale Erfahrungen die Bindungs- und Beziehungsfähigkeit beeinflussen. Dennoch gilt: Je früher positive Grundsteine gelegt werden, desto ungestörter kann sich die gesamte Entwicklung vollziehen und desto mehr „Puffermöglichkeiten" stehen dem Menschen zur Bewältigung von Belastungssituationen zur Verfügung. Umgekehrt bedingen sehr frühe Störungen in den sozialen Beziehungsmustern schwerwiegende Störungen, die bis ins Erwachsenenalter hinein wirksam sein können.

Um so bedeutsamer ist es, einmal genauer die sozialen Fähigkeiten (Kompetenzen) sowohl des Neugeborenen als auch der Eltern unter die Lupe zu nehmen.

Soziale Kompetenzen von Neugeborenen

Das Neugeborene verfügt über eine Verhaltensausstattung, die es ihm ermöglicht, in sozialen Kontakt zu treten. Wissenschaftler (z. B. Rauh) unterscheiden dabei:

- die Fähigkeit des Kindes, Signale auszusenden, die von den Bezugspersonen als sozial bedeutsam verstanden werden, z.B. weinen, wimmern, lächeln, anklammern, anschmiegen, Blickkontakt aufnehmen und halten.
- Fähigkeiten des Kindes, soziale Signale, die von den Bezugspersonen kommen, bevorzugt wahrzunehmen und darauf adäquat reagieren zu können. Z.B. kann die tröstende Stimme einer Bezugsperson oder auch das rhythmische leichte Klopfen und Streicheln des Rückens das weinende Kind beruhigen .
- Fähigkeiten des Kindes, die ein interaktives „Spiel", ein gegenseitiges (vom Kind aus vor-sprachliches) Kommunizieren darstellen, z.B., wenn es sich mit feinen Bewegungsmustern synchron zu den Bewegungsmustern der sprechenden Bezugsperson verhält. Oder indem es mimisch den Gesichtsausdruck der Bezugsperson nachahmt.

Mittels derartiger biologisch verankerter sozialer Kompetenzen hat das Neugeborene alles Nötige zur Verfügung, um sich die Zuwendung seiner Bezugspersonen zu sichern. Es sorgt damit zu einem gewichtigen Teil selbst für die optimalen Lebensbedingungen, die einer gesunden Entwicklung dienlich sind.

Soziale Kompetenzen von Eltern

Im „Normalfall" gelingt es Eltern, insbesondere der Mutter (die ja schon neun Monate lang mit dem Kind in Kontakt war) leicht, sich auf die Bedürfnisse des Neugeborenen einzustellen und seine sozialen Signale wahrzunehmen.

Ganz entscheidend für die emotionale Entwicklung ihres Kindes, vor allem für das Selbstwertgefühl und die Bindungssicherheit, ist das sog. *responsive* (antwortende) elterliche Verhalten. In unserem Kulturkreis kommt diese Aufgabe in der Hauptsache immer noch der Mutter zu; ob der Vater sie genauso gut erfüllen könnte, darüber streiten die Wissenschaftler noch. Ein responsives Verhalten beinhaltet:

- Die ganze Zeit für das Kind zur Verfügung stehen, mit aller Aufmerksamkeit und Konzentration (psychische und physische Präsenz), wann immer das Kind darauf angewiesen ist oder sie fordert.

- Die Mutter muß das jeweilige Ausdrucksverhalten als bedeutsames Signal *erkennen*, es *richtig interpretieren* und *sogleich adäquat* darauf *reagieren:* Die Antwort „muß *stimmen*" und *zuverlässig* auf die Signale erfolgen. Schreit das Kind, weil es Hunger hat, muß ihm Nahrung geboten werden; schreit es aber vor Schmerzen, soll es liebevollen Trost durch Ansprache, Herumtragen usw. bekommen, notfalls auch durch geeignete medizinische Maßnahmen Hilfe erfahren. Weint es, weil es Ängste hat (nach einem Angsttraum oder weil es alleine aufgewacht ist), benötigt es Sicherheit bietenden Körperkontakt und eine beruhigende Stimme. Wenn es satt ist, aber doch weint, könnte es Schmerzen oder den dringenden Wunsch nach Kontakt haben. Je nach Ausdruck des Weinens wird jede sensible Bezugsperson bald die Botschaft des Kindes entschlüsseln können.

Wie Sie Ihr Kind in dieser Phase unterstützen können

Im Umgang mit dem Kind kommt es gerade im ersten Lebensjahr im wesentlichen darauf an, seinen eigenen biologisch begründeten Instinkten zu vertrauen. Eltern, besonders Mütter, nehmen intuitiv die Signale ihres Kindes wahr und sind biologisch gesehen „gute Mütter".

Irreführungen durch noch so gut gemeinte Ratschläge von Verwandten, entsprechende Literatur oder allzu blindes Vertrauen in „Kapazitäten", die das *einzig richtige* Erziehungsverhalten predigen, oder Angst vor der Meinung anderer Leute lassen manche Mutter verunsichert und manchmal auch „hart" und „unnachgiebig" mit ihrem Säugling umgehen.

Ich denke hier an vielzitierte Beispiele, wo Mütter Ermahnungen von ihren eigenen Müttern hören: „Laß das Baby nachts doch ruhig weinen. Sonst wird es verwöhnt." „Du kannst es doch nicht immer stillen, wenn es trinken möchte. Es hat doch erst vor zwei Stunden etwas bekommen." Auch hier wird davor gewarnt, das Kind zu verwöhnen; oder es werden pseudowissenschaftliche Begründungen wie „alle vier Stunden füttern reicht" aufgefahren. Am besten ist es in solchen Fällen, sich nicht beirren zu lassen; allenfalls Hilfe und Rat von erfahrenen, sensiblen Müttern einzuholen, die einem helfen können, die Signale des Kindes besser zu erkennen. Manchmal ist auch der fachliche Rat eines Kinderarztes oder Kinderpsychologen hilfreich. Doch es bleibt immer die Eigenverantwortung, das Empfohlene nach *eigenem* Gutdünken zu überdenken und auf seine biologischen Wurzeln zu vertrauen.

Es ist bekanntes Erfahrungswissen, daß jedes Kind von Geburt an seine eigene Persönlichkeit hat. Temperamentsunterschiede sind vor allem deutlich von Anfang an erkennbar. Und jedes Kind wird mit Möglichkeiten wie auch Besonderheiten und begrenzten Möglichkeiten geboren, auf die Umwelterfordernisse in entsprechender Weise zu reagieren. Die Bezugspersonen sind gefordert, sich flexibel und höchst individuell auf das Kind einzustellen und Anforderungen wie Erwartungen an dessen Möglichkeiten anzupassen.

Um Mißverständnissen vorzubeugen: Es ist hier nicht die Rede von übermäßiger Anpassung von Eltern, die völlig andere Grundlagen als das responsive elterliche Verhalten hat, auf die ich die obigen Aussagen beziehe.

Säuglinge, die sozusagen idealerweise betreut und geliebt werden, entwickeln eine sichere Bindung zu den Bezugspersonen. Ihre *Bindungssicherheit* ist *stabil*. Mit anderen Worten: Sie können sich innerlich ganz fest auf die Bezugspersonen verlassen, da diese zur rechten Zeit das Richtige tun; sie können *vertrauen*.

Ein Mangel an Zärtlichkeit oder wenig einfühlsames Verhalten und zu langes Warten, bis die Bedürfnisse des Kindes erfüllt werden, führen hingegen zu anderen Bindungsformen: dem *unsicher-vermeidenden* Bindungsverhalten* und dem *unsicher-ambivalenten* Bindungsverhalten*.

Untersuchungsergebnisse weisen deutliche Verhaltensunterschiede zwischen Kindern mit den unterschiedlichen Bindungssicherheiten hin: Generell sind die bindungssicheren Kinder aktiver im Erkundungsverhalten, sie reagieren auf Trennung in ganz natürlicher Weise mit Verunsicherung und Einhalten oder Reduzierung der Erkundungsaktivität und sind froh, wenn nach einer Trennung die Bezugsperson wieder anwesend ist. Sie suchen sofort deren körperliche Nähe.

Die unsicher-gebunden Kinder hingegen reagieren scheinbar kaum auf Trennungen wie auch die Rückkehr der Bezugsperson. Der Schein trügt, denn ihre Streßhormone sind in dieser Situation eindeutig erhöht. Die körperlichen Reaktionen sprechen die Sprache der Seele.

Die ambivalent-gebundenen Kinder reagieren auf Trennungen besonders stark. Auf „Wiedervereinigungen" reagieren sie entweder wütend oder können ihre traurige und ängstliche Erregung kaum dämpfen. Aller Trost vermag im Moment keine Beruhigung bringen.

Entscheidend sind die Auswirkungen auf *spätere* Lebensphasen. Die sicher-gebundenen Kinder zeigen ein angemesseneres Sozialverhalten, haben mehr Spannkraft und ein höheres Selbstwertgefühl, sind in der Schule aufmerksamer, sind phantasievoller und entwickeln in späteren Krisensituationen weniger depressive oder andere psychische Symptome. In Anbetracht dieser Ergebnisse geht man davon aus, daß eine optimale Mutter-Kind-Beziehung oder auch Vater-Kind-Beziehung im ersten Lebensjahr eine vor schädlicher psychischer Entwicklung *schützende* Funktion übernimmt.

Beim erwachsenen Menschen zeigt sich eine wesentlich größere Zufriedenheit, weniger Aggressionsbereitschaft bzw. eine bessere soziale Integration, angemessenes Problemlöseverhalten und eine stabilere Bindungsfähigkeit in Partnerschaften bei den sicher-gebundenen Menschen.

Die Mutter-Kind-Beziehung ist also von großer Bedeutung für die weitere seelische, soziale und geistige Entwicklung. Natürlich ist sie aber nicht der einzig wirksame Faktor. Trotz der ziemlich gesicherten Bedeutung dieser frühen Beziehungsmuster spielen Umwelteinflüsse und Ereignisse auch in späteren Lebensphasen eine prägende Rolle. Es kann bei Dauerbelastungen oder traumatischen Erfahrungen auch bei sichergebundenen Menschen zu einer psychischen Labilisierung oder Störung kommen. Im umgekehrten Fall können unsichergebundene Menschen in stabilen Beziehungen oder „geordneten und sicheren Lebensverhältnissen" ein unauffälliges Leben führen. Kleinere oder größere Lebensbelastungen (z. B. Trennungssituationen vom Partner) führen jedoch aufgrund der vorgegebenen Verletzlichkeit leichter zu psychischen Störungen.

2.13 Jedes Kind hat seine ganz normalen Krisen

Krisen während der Kindheit sind keine Katastrophen – sie lassen sich nicht verhindern.

Krisen begleiten den Menschen während seiner gesamten Lebenszeit. Sie treten auf, wenn der Mensch in Situationen gerät, in denen Erwartungen und Anforderungen der Umwelt nicht mehr mit seinen Bewältigungsmöglichkeiten und Bedürfnissen in Einklang zu bringen sind. Krisen sind demnach nicht nur Folge eines unerträglichen Zustandes, sondern auch Übergangsphasen, die dazu dienen, das Gleichgewicht zwischen der Umwelt und sich selbst wiederherzustellen.

Die Kindheit als eine Phase, in der vielfältige Entwicklungsprozesse in allen Bereichen sehr schnell verlaufen, erfordert natürlicherweise ständige Anpassungsprozesse an die Umwelt. Zudem müssen auch Eltern sich immer wieder dem „neuen Stand" ihres Kindes und der Umwelt anpassen. Kein Wunder also, daß Krisen in einem derart komplexen Veränderungs-Anpassungsprozeß zur Kindheit gehören.

Krisen werden im wesentlichen durch drei Bedingungen ausgelöst, die das Wohlbefinden des Kindes empfindlich stören können: Es handelt sich um:

1. die beim Kind angeborenen Besonderheiten oder Entwicklungsvarianten, die sogenannten *Dispositionen;*
2. unangemessene Erwartungen oder Anforderungen der Umwelt an das Kind;
3. belastende Lebensereignisse.

Dispositionen des Kindes

In den ersten drei Lebensmonaten sind am häufigsten folgende Auffälligkeiten zu verzeichnen:

- übermäßig langes Schreien, sog. „Schreikinder“,
- Durchschlafstörungen,
- Probleme mit der Nahrungsaufnahme (diese Kinder trinken zu wenig, müssen oft erbrechen usw.),
- Säuglingskoliken (Bauchschmerzen nach der Nahrungsaufnahme) und das Kopfschlagen (Jactatio capitis).
- Eine ganz spezielle Disposition stellen u. U. Auffälligkeiten in der Wahrnehmungsentwicklung dar, wie z. B. Störungen der Verarbeitung von Hautreizen oder Gleichgewichtsreizen.

Zeigt ein Kind eine oder gar mehrere der Auffälligkeiten, so bedeutet dies für die Bezugsperson eine ziemliche Belastung. Sie ist besonders bemüht herauszufinden, was dem Kind denn „fehlt“, überlegt, was sie wohl „falsch“ macht, muß mehr Geduld und Zeit aufwenden, um ihr Kind zufriedenzustellen (wenn es überhaupt gelingt), und muß evtl. spezielle Nahrungsmittel, Tees oder Medikamente verabreichen. Diese Anpassungsleistungen der Bezugsperson, meist der Mutter, können sie bei ungünstigen Bedingungen auf ihrer Seite ebenfalls in eine vorübergehende Krise bringen. Entlastung und verständnisvolle Unterstützung von anderen Familienmitgliedern wären die einzig wirksame Hilfe, um diese äußerst anstrengende Lebenspanne der ersten drei Monate „heil“ zu überstehen.

In vielen Fällen sind nach Ablauf des dritten Lebensmonats die Verhaltensauffälligkeiten des Kindes durch die voranschreitenden Entwicklungsprozesse beendet.

Derartige Dispositionen des Kindes bergen natürlich die Gefahr, daß Eltern die Verhaltensweisen falsch interpretieren oder sie zu wenig beachten. Sie sind weder eine „Marotte" des Kindes, die man austreiben müßte oder einfach übergehen sollte, noch Folge eines Erziehungsfehlers oder einer Beziehungsstörung.

Fehlinterpretationen können leicht zu unangemessenen Erziehungsmaßnahmen führen, wie z. B. das Kind „einfach schreien zu lassen" und bei den Bauchkoliken nicht zu trösten oder ihm bei Schlafstörungen Beruhigungsmittel zu geben. Im Wissen darum, daß es sich um eine angeborene Entwicklungsvariante handelt, die eine gewisse Zeit zur Veränderung benötigt, fällt es leichter, gelassen zu bleiben und seine Bemühungen fortzusetzen, diese für beide Seiten schwierige Entwicklungsphase so gut wie möglich zu bewältigen.

Im Alter von 3 bis 6 Jahren etwa zeigen sich häufig folgende Dispositionen:
- Bauchschmerzen,
- nächtliche Ängste,
- motorische Unruhe,
- nächtliches Einnässen (nachdem schon eine längere „trockene" Zeit vorangegangen war).

Im Alter von 6 bis 9 Jahren etwa sind folgende Dispositionen häufig:
- Einschlafstörungen,
- nächtliches Einnässen,
- Wachstumsschmerzen,
- sogenannte „Teilleistungsschwächen" (z. B. Schwierigkeiten im Erwerb der Lese- und Schreibfertigkeiten, in der Konzentrationsfähigkeit .

An dieser Stelle möchte ich kurz auf die Teilleistungsschwächen eingehen, da sie immerhin bei ca. 8–10 Prozent der Kinder vorkommen. Teilleistungsschwächen sind in verschiedenen Bereichen zu verzeichnen, z.B. in der Motorik (Ungeschicklichkeit, zu viel Spannung in den Fingern beim Schreiben u.a.m.), im Erwerb von schulischen Fertigkeiten wie Lesen, Schreiben, Rechnen, in der Konzentrationsfähigkeit, in der Sprachentwicklung und visuellen wie akustischen Wahrnehmungsfähigkeit.

Teilleistungsschwächen im hier verstandenen Sinn als *Disposition* sind normale Entwicklungsvarianten. D.h., sie sind Ausdruck einer im Vergleich zu Alterskameraden *verzögerten* Entwicklung bestimmter Hirnzentren, z.B. der Hirnzentren, die für die Sprachentwicklung oder die Feinmotorik zuständig sind. Die Leistungsfähigkeit des Kindes, bezogen auf die speziellen Teilfunktionen, hinkt ca. um ein Jahr den anderen Kindern nach.

In günstigen Fällen, mit viel Verständnis und tatkräftiger Unterstützung von Eltern und Lehrern, schaffen es die Kinder dann doch „irgendwie", den Klassenstand zu halten und ihren Platz innerhalb der Gruppe der Alterskameraden zu finden. Mit zunehmender Übung der schwierigen Bereiche und zunehmender Hirnentwicklung werden die Auffälligkeiten von Jahr zu Jahr geringer.

Entscheidend für solche Kinder ist, daß sie sich von ihren Eltern mit all ihren Schwierigkeiten akzeptiert fühlen und aus dieser tiefen inneren Sicherheit heraus sich vertrauensvoll mit all ihren Nöten an sie wenden. Es ist darauf zu achten, daß das durch die Schwierigkeiten gefährdete Selbstwertgefühl des Kindes nicht weiter irritiert wird, z.B. durch ständige Kritik, Bestrafungen oder auch durch zu langes und sinnloses Üben. Im Gegensatz dazu sind folgende Erziehungspraktiken hilfreich:

- Konkrete *Hilfestellungen* (z.B. bei den Hausaufgaben, bei sozialen Schwierigkeiten mit Alterskameraden).
- Gezielte *Anregungen* (z.B. viel vorlesen und viel erzählen lassen bei Sprachauffälligkeiten, oder öfter zum Schwimmen gehen, Anmeldung in einem Sportclub, im Ballett, im Reitverein usw. bei motorischen Schwierigkeiten).

- *Ermunterungen* und *viel Lob* für die gezeigte Anstrengungsbereitschaft. (Nicht das Leistungsergebnis ist bedeutsam, sondern der Weg dorthin.)
- *Stärkung der Kompetenzen* des Kindes. (Seine Stärken und Vorlieben hervorheben und vermehrt ausüben lassen oder spezielle Angebote dazu schaffen, z. B. wenn es musikalisch ist, ein Instrument spielen lernen lassen.)
- *Psychische Entlastung* und *Erhalt der Lern- und Lebensfreude.* (Z. B. eine angenehme, entspannte Atmosphäre zu Hause schaffen oder erhalten; für viel gemeinsamen Spaß bei Freizeitaktivitäten sorgen; das Kind sich so oft wie möglich als „völlig normal" erleben lassen; seine Entdeckungs- und Experimentierfreude stärken durch Angebote wie „Abenteuerreisen" in den nahen Wald, Experimentier-Kästen usw.)

Leistungsauffälligkeiten als Ausdruck einer komplexen Entwicklungsstörung werden als Teilleistungs*störung* bezeichnet. Im Gegensatz zu den Teilleistungs*schwächen* sind Teilleistungs*störungen* nicht einfach als *verzögerte* Entwicklungformen zu sehen, sondern eben als behandlungsbedürftige *Störungen.* Nach eingehender fachlicher Abklärung (oftmals in interdisziplinärer Zusammenarbeit von z. B. Kinderarzt, Kinderneurologe, Kinder- und Jugendpsychiater, Kinderpsychologe, Neuropsychologe) des Gesamtstörungsbildes und seiner Ursachen wird ein individueller Therapie- und Förderplan entwickelt.

Unangemessene Erwartungen / Anforderungen der Umwelt

Die Erwartungen von Eltern unterliegen vielen von außen kommenden Einflüssen, die oft mehr irritieren als dienlich sind:
- Vorstellungen der eigenen Eltern, wie Kinder zu erziehen sind und welche Entwicklungsschritte in welchen Alter normal sind;
- kulturell bedingte oder vom augenblicklichen Zeitgeist be-

stimmte Vorstellungen über kindliche Bedürfnisse und Rollen in der Gesellschaft;
- Wissen oder „Halbwissen" über Entwicklungsprozesse und kindliche Bedürfnisse;
- Anforderungen der sozialen Umwelt der Eltern (z. B. Anforderungen oder Erwartungen von Nachbarn, Freunden, Lehrern. Oder auch durch die Zwänge im harten Konkurrenzkampf um die Existenz, wie dies besonders bei der Bewertung von Noten im Hinblick auf die berufliche Karriere deutlich wird).

Typische Beispiele für Fehlvorstellungen (infolge von bestimmten Erwartungen) sind, daß man Neugeborene lediglich im Vierstunden-Takt füttern soll; oder daß man bestimmte Zeiteinheiten einhalten müßte; oder daß man Babys verwöhnt, wenn man sie bei jedem „Geschrei" aufnimmt und die Ursachen zu beheben versucht; oder daß Babys mit drei Monaten schon durchschlafen müßten und vor allem mindestens gleich 12 Stunden am Stück; oder daß Dreijährige bereits „gruppenfähig" sein müßten.

Bedenken wir in diesem Zusammenhang nochmals, daß jedes Kind seine eigene Entwicklungszeit für die jeweiligen Bereiche hat und daß bei jedem Kind selbst große Unterschiede zwischen einzelnen Entwicklungsbereichen liegen können, dann werden Beeinflussungsversuche von außen um so fragwürdiger. Dies gilt vor allem für die Krisen eines Kindes. Denn gerade die in Krisenzeiten gezeigten Verhaltensauffälligkeiten verunsichern Eltern oft stark, oder sie provozieren kritische Bemerkungen anderer und machen für Einflüsse von außen „anfälliger".

Eltern können sich am zuverlässigsten an ihren *eigenen* Fähigkeiten orientieren, die Signale und Reaktionen des Kindes wahrzunehmen. Die kindlichen Reaktionen bieten ausreichende Hinweise, ob die Interpretationen und Maßnahmen „richtig" oder „falsch" waren. Es kommt nur darauf an, diese Reaktionen zu verwerten.

In diesem Sinne möchte ich auch die weiteren Kapitel über

typische kindliche Verhaltensweisen und die ihnen innewohnenden Entwicklungsprozessen verstanden wissen: als eine Hilfestellung, rascher zu erkennen, was sich beim Kind gerade vollzieht und welche responsiven* Verhaltensweisen dazu passen könnten.

Lebensereignisse

Lebensereignisse, sowohl traumatische (z. B. frühe Trennungserfahrungen oder schwere Verletzungen, Scheidung der Eltern, Tod eines Familienmitgliedes) wie nicht-traumatische (z. B. Geburt einer Schwester oder eines Bruders) können Entwicklungskrisen auslösen. Je nachdem, wie langanhaltend solche Einflüsse sind und wie diese *gemeinsam* bewältigt werden, geht die Krise ohne Spätfolgen vorbei, oder sie beeinflußt nachhaltig spätere Lebensphasen.

Am Beispiel der Lebensereignisse als Auslöser für eine Krise wird am ehesten deutlich, daß Eltern nicht unbedingt und in jedem Fall Krisen verhindern können. Lebensereignisse wie Umzug, Trennungen, Familienzuwachs, berufliche Mißerfolge, Krankheit und auch Sterben sind untrennbar mit dem Leben verknüpft.

Es ist auch nicht selten, daß gleich zwei oder alle drei Bedingungen zusammenwirken und eine Krise besonders ausgeprägt erscheinen lassen. Kind wie Eltern geraten damit oft in einen Teufelskreis, der die Krise zeitlich verlängern oder noch verstärken kann. Nicht die Krise an sich ist zu verhindern, aber die sekundären Teufelskreise können aufgebrochen werden, so daß eine weitere ungestörte Entwicklung wieder möglich wird. Das folgende Beispiel soll diese komplexen Zusammenhänge verdeutlichen und gleichzeitig darauf verweisen, daß unter Umständen auch fachlicher Rat zur Hilfe eingeholt werden sollte.

Johannes, 6;3 Jahre, hat in der ersten Klasse große Mühe, das Lesen zu erlernen. Während die meisten seiner Mitschüler schon

Worte lesen können, schafft er es gerade, einige Buchstaben eindeutig zu erkennen (Teilleistungsschwäche als Disposition des Kindes).

Johannes macht sonst einen aufgeweckten und intelligenten Eindruck. In Mathematik und in Sachkunde zeigt er gute Leistungen. Die Lehrerin hält ihn für intelligent genug, das Lesen schneller zu lernen und gibt ihm sowohl „Extra-Hausaufgaben" als auch mehr „Druck", dadurch, daß er besonders häufig vorlesen muß (unangemessene Erwartung der Umwelt).

Die Mitschüler beginnen Johannes auszulachen, da er doch sonst so eine „große Klappe" habe und immer meine, „der Beste und Größte" zu sein (unangemessene Reaktion der Umwelt).

Unglücklicherweise muß die Familie zu diesem Zeitpunkt ihren Wohnort wechseln, da der Vater von seiner Firma aus in ein andere Filiale versetzt worden ist (Lebensereignis).

In der neuen Schulklasse befindet sich auch der Sohn des Chefs des Vaters. Der Vater fürchtet eine Blamage vor dem Chef, wenn dieser mitbekommt, daß sein Sohn Schulschwierigkeiten hat. Also setzte er abends alles daran, seinem Sohn „auf die Sprünge zu helfen" (unangemessene Erwartungen des Vaters). Johannes muß – mit vielen Hilfestellungen des Vaters – vor dem Einschlafen etwa eine halbe Stunde lesen üben. Die üblicherweise vor dem Einschlafen vorgelesene Geschichte muß aus Zeitgründen jeweils entfallen. Außerdem – so die Eltern – bekomme er erst wieder vorgelesen, wenn er sich mehr anstrenge (unangemessene Erwartungen der Umwelt).

Johannes entwickelt nächtliche Ängste. Wenn er von Alpträumen geplagt aufwacht, hat er das Bedürfnis, zu den Eltern ins Bett zu kriechen. Nur dort kann er wieder beruhigt einschlafen. Anfangs lassen die Eltern dies auch ohne weiteres zu, da sie meinen, er sei allein durch den Umzug momentan besonders belastet (angemessenes, responsives Verhalten der Eltern). Als die Alpträume aber nach zwei Monaten immer noch nicht nachlassen, meinen sie, daß es sich für einen sechsjährigen Jungen, der schon in der Schule sei, nicht mehr gehöre, bei den Eltern zu schlafen. Den Umzug müsse er nach zwei Monaten doch schon verkraftet haben. Sie verbannen ihn ab sofort aus ihrem Schlafzimmer, ohne die näheren Ursachen

(Schulnöte, soziale Probleme) seiner Ängste abzuklären und zu beheben (unangemessene Erwartung der Eltern).

Die Krise droht sich auszuweiten. Für den Fall, daß nicht bald eine Lösung des Problems eintritt, ist fachliche Hilfe (z. B. Beratung bei einer Erziehungsberatungsstelle) durchaus angeraten.

2.14 Rituale ordnen die Welt

Gleichförmigkeit und *Rituale* haben in erster Linie den Sinn, die Welt, die intensiv erforscht und geistig erfaßt wird, *überschaubar* zu machen; ihre Ordnungen und Regeln zu erfassen. Damit werden gleichzeitig die auftauchenden Ängste vor dem Neuen und Unbekannten gemindert. Die Welt will geistig begriffen sein.

Mit Beginn der *Serialstufe* etwa im letzten Drittel des ersten Lebensjahres und besonders intensiv mit zunehmender Mobilität im zweiten und dritten Lebensjahr erobert das Kind in rasantem Tempo die Welt. Es kann sich überall hinbewegen, wo es etwas Interessantes zu entdecken gibt. Dabei entfernt es sich automatisch immer weiter von den Sicherheit bietenden Bezugspersonen weg, was die Angstbereitschaft erst einmal erhöht. Der Aktionsradius des Kindes – zunächst unter Körperkontakt mit der Mutter (auf ihrem Arm, ihrem Schoß oder auch an der Hand gehalten), dann von ihr losgelöst – wird Schritt für Schritt wesentlich größer. Eine wahre Flut von Informationen strömt auf das Kind ein.

Die Phase ist gekennzeichnet durch das Erkennen von Zusammenhängen und Ordnungen. Neuentdeckungen von Ursache und Wirkung oder von Zusammengehörigem werden mehrmals hintereinander ausgeübt, wie dies auch im Beispiel von Jonas (Kap. 1) zu erkennen ist. Immer wieder läßt er die Murmeln über die Stuhlfläche nach unten rollen. Das, was zunächst als reine *Wiederholung* im Experimentieren zutage tritt, wird über mehrere Tage und Wochen, manchmal Monate hinweg wiederholt. Eine Gleichförmigkeit des Spiels, durchaus mit kleinen Variationen in den Experimenten, verschafft die Gewißheit: „So funktioniert die Welt!"

In Kenntnis dieser Spieleigenheiten nach dem Prinzip „oftmals das gleiche oder ähnliche tun", verbietet sich eine Überhäufung mit zuviel Spielmaterialien von selbst. Auch ist ein zu rascher Wechsel von Spielzeug („ständig was Neues") in dieser Entwicklungsphase keineswegs reizvoll. Denn nicht das Neue ist jetzt so spannend, sondern das, was man damit bewirken kann und die Entdeckung von Regeln.

Gleichförmigkeit tritt aber auch in anderer Form, nämlich als immer wiederkehrendes *Verhaltensritual* auf. Rituale zeichnen sich dadurch aus, daß sie in ganz bestimmten Situationen in gleicher Weise ausgeführt werden müssen. Ansonsten ist für das Kind „die Welt nicht in Ordnung". Angst, Unruhe, gereizt-quengeliges Verhalten oder Aggressionen könnten die Folge sein.

Olivers Mutter unterhält sich mit anderen Müttern über deren Alltagsnöte mit ihren Kindern. Eine von den Müttern „beschwert" sich über die ständige Unordnung, die ihre vierjährige Tochter veranstaltet. Sie sei auch nicht bereit, diese aufzuräumen.

Stolz dagegen berichtet Olivers Mutter, daß ihr Sohn (2;3 Jahre alt) da „viel weiter" sei. Sie habe ihm noch nie beibringen müssen, die Spielsachen wieder aufzuräumen. Er tue dies schon von selbst. Zwar habe sie regelmäßig mit ihm zusammen aufgeräumt, ihn aber nie dazu angehalten, dies zu tun. Jetzt *müsse* sie jeden Abend unbedingt mit ihm aufgeräumt haben. Alle Spielsachen hätten ihren ganz bestimmten Platz. „Die Bauklötze kommen in die Spielkiste, die Spielautos und die Männchen werden auf das Regal gestellt." Der „Patient" (ein bestimmtes Playmobil-Männchen) müsse unbedingt in den Krankenwagen gelegt und der „Sanitäter" auf den Fahrersitz des Krankenwagens gesetzt werden. Das Playmobil-Auto sei momentan sein Lieblingsspielzeug. Hier achte Oliver ganz besonders darauf, daß alles auch wirklich in Ordnung ist. Der Krankenwagen müsse auch grundsätzlich über Nacht „in die Garage". Erst dann könne er beruhigt einschlafen. Während des Ordnung-Machens erzähle Oliver, was er gerade tue. Z. B. sage er: „Patient muß in Krankenwagen, ... in Garage." Dabei schaue er immer wieder auf die Mutter, so als ob er eine Bestätigung dafür haben wolle, daß er es auch richtig mache.

Olivers Mutter meint: „Wenn wir das so machen, dann weiß er, wo das Spielzeug seinen Platz hat und daß es am nächsten Morgen noch da ist. Ich glaube, er braucht das einfach, sonst könnte er nicht einschlafen. Wenn wir das einmal abends nicht tun können, z. B. wenn wir spät nach Hause kommen und er schon eingeschlafen ist, wird er morgens beim Anblick der unversorgten Spielgegenstände ganz aufgeregt." Als erstes bringe er alles in seine gewohnte Ordnung; erst danach beginne er wie üblich damit zu spielen.

Die Mutter hat intuitiv erfaßt, worum es Oliver geht. Ihre Worte waren: „Er braucht es", „das gibt ihm Sicherheit". In responsiver Weise richtet sie abends ihr Verhalten darauf ein und achtet darauf, daß sie genügend Zeit für „Ordnung machen" haben. Dabei geht es nicht um das Aufräumen im eigentlichen Sinn, sondern um die Welt mit ihren Ordnungen und Regeln. So muß der „Patient" eben im „Krankenwagen" liegen und der „Sanitäter" am Lenkrad sitzen. So läuft es in der wirklichen Welt auch ab; das sind die erfaßten Gesetzmäßigkeiten. Dieses abendliche Ritual zeigt Oliver nun schon seit ca. zwei Monaten; es ist anzunehmen, daß er es weitere Wochen oder Monate beibehalten wird, während er gleichzeitig andere Rituale entwickelt.

Gleichförmigkeit ist auch in den alltäglichen Abläufen bedeutsam.

Ein geordneter und sich regelmäßig wiederholender Tages- und Wochenablauf gibt dem Kind die Möglichkeit der *zeitlichen* Überschaubarkeit und der Orientierung im zeitlichen Raum. Es kann sich eher auf das Kommende (z. B Frühstück, Mittagessen, Abendspaziergang, Bettgehzeit) einstellen und lernt die mit der jeweiligen Aktivität verknüpften Regeln kennen.

Anita, (3;5 Jahre) ist es *gewohnt,* daß ihr abends vor dem Zubettgehen der Vater die Zähne putzen hilft, während dies morgens die Mutter macht.

Ihre übliche Bettgehzeit ist zwischen 19 Uhr und 19.30 Uhr. Normalerweise ist der Ablauf regelmäßig: erst den Schlafanzug anziehen, dann Gesicht waschen und mit Papas Hilfe Zähne putzen, dann ins Bett hüpfen und noch etwas vorgelesen bekommen. Anita weiß genau die Abfolge, kann sich darauf einrichten und hält sich auch problemlos an die Ordnung. Die Eltern bemühen sich auch, dieses Abendritual regelmäßig einzuhalten. Denn so schaffen sie es, daß Anita zu regelmäßigen Zeiten „ohne Theater" ins Bett geht.

An diesem Abend nun ist der Vater nicht pünktlich von der Arbeit zurück, so daß die Mutter seine Aufgabe übernehmen möchte. Anita läßt sich zunächst nicht dazu bewegen, ins Bad zu gehen. Sie möchte unbedingt (!) auf den Vater warten. Die Mutter räumt ihr eine Zeit von zehn Minuten ein. Wenn bis dahin der Vater nicht zurück sei, müsse sie heute mit ihr vorlieb nehmen.

Anita geht in ihr Zimmer und beginnt ein Legespiel auszulegen; sie ist intensiv damit beschäftigt. Die Mutter ermahnt sie, doch jetzt bitte ins Bad zu gehen, aber Anita hört nicht. Nur mit energischem Tonfall kann sie Anita nun endlich dazu bewegen, mit ihr ins Bad zu kommen. Anita ist quengelig und zeigt, daß ihr das gar nicht paßt. Als die Mutter Anita die Zahnbürste und Zahnpasta reicht, nimmt ihr Anita mit gereizten Worten – „Das macht Papa!" – die Zahnbürste aus der Hand. Sie verbietet der Mutter, ihr zu helfen. Lieber putzt sie heute ganz alleine die Zähne, als daß ihre gewohnte Ordnung vollends in Unordnung gerät.

3. Wie Kinder sich verhalten Beobachtungen – Bedeutungen – Anregungen

3.1 Hände und Finger in den Mund stecken – eigene Körperwahrnehmung

Jana, 3 Monate, liegt auf dem Bauch im Bettchen. Der Kopf ist zur rechten Seite gedreht. Vier Finger der rechten Hand (Zeige-, Mittel-, Ringfinger und kleiner Finger) sind tief in den Mund gesteckt. Jana saugt und lutscht kräftig daran.

Entwicklungsschritte:	
1. Intensive *Hand-Erkundung*	Die Hand-Erkundung dient der Körpererfahrung bzw. dem Aufbau des Körperbewußtseins.
2. Ausdifferenzierung der *Hand-Mund-Koordination*	Die schon vorgeburtlich eingeübte Hand-Mund-Koordination wird weiter entwickelt.
3. Vorbereitung der *Hand-Augen-Koordination**	Aus der Hand-Mund-Koordination entwickelt sich später die Hand-Augen-Koordination. Diese ist notwendige Voraussetzung für ein gezieltes Greifen und ausdauerndes taktiles Erkunden von Gegenständen und Materialien.
4. *Psychische Beruhigung*	Rhythmische Saugbewegungen an Händen und Fingern dienen über motorische Abreaktionen der Beruhigung.

5. *Abbau von Hungergefühlen*	Saugbewegungen führen zu einem kurzzeitigen Abbau von Hungergefühlen.

Bereits im dritten Schwangerschaftsmonat kann der Fötus in der beinahen Schwerelosigkeit des Fruchtwassers seine Hand zum Gesicht führen. Im vierten Schwangerschaftsmonat schon werden die Hände in den Mund gesteckt.

Beim Neugeborenen können wir die Fortsetzung der vorgeburtlich eingeübten Bewegungsmuster erkennen. Die Hand, die dem zur Seite geneigten Kopf zugeneigt ist (reflektorisch gesteuerte Armbewegung in Abhängigkeit von der Kopfhaltung), wird zum Mund geführt und betastet und belutscht.

3.2 Gegenstände und Materialien in den Mund stecken – Erkundung der gegenständlichen Umwelt

Enrico, 5 Monate, liegt auf dem Rücken auf seinem Spielteppich. Um ihn herum liegen verschiedene Spielzeuge. Er hält eine kleine Holzrassel, an der mit Schnüren kleine Holzperlen befestigt sind, in seiner linken Hand.

Nun steckt er den Kopf der Rassel in den Mund und betastet diese ausgiebig mit den Lippen und der Zunge. Jetzt nimmt er sie für eine kurze Weile aus dem Mund, um sie dann wieder zum Mund zu führen. Enrico erwartet die Berührung mit spitz geformtem Mündchen. Er öffnet seinen Mund ganz weit, so als ob er den ganzen Kopf der Rassel oder noch mehr in den Mund stecken wollte, was ihm aber mißlingt. Er möchte wissen, wie sich das „Ding da" anfühlt und welche Gestalt oder Form es hat.

Entwicklungsschritte:

1. *Intelligenzentwicklung; Wahrnehmungsentwicklung*	Ertasten und Erkunden der dinglichen Umwelt. Über die Rückmeldungen des Tast- und Bewegungssinnes erspürt das Kind den Gegenstand. Über die Beißtätigkeit erfährt es den *Widerstand.*
2. *Spielentwicklung*	Erfahrungen machen und sammeln (speichern). Der Gegenstand ist als solcher erfaßt und regt zu neuen Handlungen damit an. Aufmerksames Wahrnehmen und Verweilen bei einer Beschäftigung wird angebahnt.
3. *Emotionale Entwicklung*	Die Neugierde und Lust am Entdecken wird befriedigt und verstärkt. Psychisches Wohlbefinden wird hergestellt.
4. *Anbahnung des Sprechens*	„Durch die Erfahrung der Mundexploration* wird das Zusammenspiel von Lippen-Kiefer-Gaumen-Zunge-Hand-Finger immer feiner und differenzierter. Es ist anzunehmen, daß dieses Zusammenspiel eine wichtige und unerläßliche Voraussetzung zum normalen Sprechen ist. (1, S. 32)

Der Mund ist in den ersten Lebenstagen das primär genutzte Tastwerkzeug. Die Haut der Tastorgane (= Lippen, Zunge, Wangen) ist mit besonders vielen Tastkörperchen (= Empfängerorgane) ausgestattet. Diese liefern zum Zeitpunkt der Geburt schon recht präzise Informationen.

Mit dem Mund wird als erstes der *eigene Körper* (Hände, Finger; etwas später auch die Füße) erfaßt, dann erst die *dingliche Umwelt* mit dem Mund erkundet (sogenanntes „mouthing"*).

Die Hände sind zum Zeitpunkt der Geburt als Tastorgan von untergeordneter Bedeutung. Die Haut der Hände, besonders in den Fingerkuppen, besitzt zwar ebenfalls viele Tastkörperchen, jedoch ist die Handmotorik in den ersten Lebensmonaten noch nicht genügend ausgereift, um gut betasten zu können.

Im Laufe des ersten Lebensjahres nimmt die Erkundungsform mit dem Mund („mouthing") immer mehr ab zugunsten der Erkundungsaktivität mit den Händen. Mit Ende des zweiten Lebensjahres ist das „mouthing" nahezu ganz verschwunden.

Erkunden der Umwelt und Erfahrungen sammeln

Beobachtung:
Etwa mit 3 bis 4 Monaten ist das *gezielte Greifen* eines erblickten Gegenstandes zu beobachten. Der Gegenstand wird sofort zum oder in den Mund geführt, um mit Lippen, Zunge und Wangen ertastet zu werden.

Entwicklungsschritte:

Der Säugling entschlüsselt über Hautsinn und Muskelsinn die Informationen eines Gegenstandes und sammelt Erfahrungen über:
- dessen Oberflächenstruktur (rauh, glatt, rubbelig...),
- dessen Temperatur (kühl, kalt, warm...),
- dessen Größe,
- dessen Form/Gestalt (rund, kantig, lang...; mit Löchern...),

- dessen Konsistenz (weich, hart, verformbar, klebrig, naß, trocken...),
- dessen Material (Holz, Metall, Plastik, Stein, Lebensmittel...),
- dessen Geruch (süßlich, harzig, blumig, stechend, faulig, „riecht wie..." ...),
- dessen Geschmack (süß, salzig, sauer, bitter, und Mischformen).

Halten wir fest:
Der Säugling manipuliert den Gegenstand und macht dabei vielerlei Erfahrungen.

1. Schritt:	Der Säugling *erblickt* den Gegenstand.	visuelle Wahrnehmung
2. Schritt:	Der Säugling *greift* gezielt danach.	taktil-kinästhetische Wahrnehmung (motorische Aktivität) Hand-Augen-Koordination (sog. visuo-motorische Koordination)
3. Schritt:	Der Säugling *führt* den Gegenstand *zum/in den Mund.*	Hand-Mund-Koordination
	Der Säugling *betastet* den Gegenstand mit den Mundwerkzeugen.	taktile und taktil-kinästhetische Wahrnehmung
	Der Säugling *schmeckt* und *riecht* den Gegenstand/das Material.	geschmackliche (gustatorische) und geruchliche (olfaktorische) Wahrnehmung
4. Schritt:	Der Säugling *nimmt* den Gegenstand/das	Hand-Mund-Koordination

Material, *aus dem Mund, betrachtet* ihn/es kurz bevor er ihn wieder *in den Mund steckt.*	visuelle Wahrnehmung Hand-Mund-Koordination.

Über diese vier Schritte, die sich mehrmals hintereinander wiederholen können, *erkundet* der Säugling über alle angesprochenen Sinne den Gegenstand/das Material. Er *ordnet* sie zu einem Gesamteindruck und *speichert* die Erfahrungen.

Letztendlich weiß das Kind: Was so aussieht, fühlt sich so an, riecht und schmeckt so. Es macht die ersten sinnvollen Verknüpfungen von Erfahrungen und weiß bald alle Informationen über einen Gegenstand, auch wenn es diesen beispielsweise nur mit einem Sinn wahrnimmt. Wenn es z. B. die Rassel nur sieht, weiß es doch, wie sie sich anfühlt, welche Geruchs- und Geschmacksinformationen davon ausgehen. Auf diese Weise bekommt es einen Eindruck von der Welt. Es hat damit sowohl im wörtlichen wie im übertragenen Sinne etwas be-griffen und er-faßt.

Mit zunehmendem Alter wird der Säugling die Gegenstände auch mit den Händen erkunden. Im Alter von etwa drei Jahren dann wird fast ausschließlich nur noch mit den Händen erkundet. Es sei denn, man hat es mit wirklich neuen Gegenständen und Materialien zu tun. Dann greifen selbst Erwachsene auf die Erkundung mit allen Sinnen zurück.

Lust am Entdecken, Neugierde, aufmerksames Wahrnehmen und Verweilen

Jedes Kind wird als *neugieriges* Wesen geboren; es hat angeborenerweise einen Antrieb zum Erkundungsverhalten.

In der Erziehung geht es darum, der angeborenen Neugierde und Lust am Entdecken genügend Freiraum zu bieten und vielfältige Angebote bereitzustellen. Auf diese Weise sind die ersten Schritte hin zu einer ungehinderten seelischen, geistigen, emotionalen und motorischen Entwicklung möglich.

Das Erkunden der Umwelt
- befriedigt die Neugier,
- vermittelt eine Vielzahl von Erfahrungen,
- und läßt die Umwelt immer wieder von neuem interessant erscheinen, indem jeweils neue Aspekte oder neue Zweckmäßigkeiten eines Gegenstandes/Materials entdeckt werden.

Die lustvolle Befriedigung der Neugierde und das damit einhergehende Interesse sind die Grundelemente psychischer positiver Spannung – kurz, des Antriebs. Der Antrieb, etwas zu erkunden, steuert die Wachheit, damit auch die Aufmerksamkeit und Konzentrationsfähigkeit. Antriebsstörungen sind immer ein Zeichen einer ernstzunehmenden Störung. Wir kennen Antriebsstörungen beispielsweise bei Depressionen, als Folge von Hirnschädigungen und/oder genetischen Defekten.

3.3 Ins Gesicht von Mama/Papa patschen – Erkundung der sozialen Umwelt

Ähnliche Verhaltensweisen:
- An Ohrringen und Halskette ziehen
- An Brille und Haaren zupfen/reißen
- In den Mund von Mama/Papa fassen
- Katze/Hund ins Fell greifen und ziehen/packen

Sandra, 6 Monate, sitzt auf den Armen der Mutter, mit dem Gesicht ihr zugewandt. Die Mutter unterhält sich angeregt mit ihr und lächelt immer wieder. Sandra sieht ihre Zähne blitzen, den Mund sich bewegen und schaut ganz gespannt auf Mund und Zähne. Zuerst patscht sie mit der flachen Hand auf den Mund. Die Mutter erschrickt etwas und hält Sandras Hand, leicht an den Mund gedrückt, fest. Sandra beginnt nun am Mund zu kratzen. Die Mutter läßt wieder los und sagt leicht scherzend: „Nein, Sandra, nicht kratzen, das tut weh." Sie lächelt Sandra an. Nun greift Sandra direkt in den Mund, faßt die Zähne an, möchte daran ziehen.

Die Mutter schließt leicht den Mund und preßt die Lippen dicht um Sandras Hand. Sie beginnt zu scherzen und spielt „Hand-fort – Hand-wieder-da." Sandra versteht aber den Witz noch nicht und äußert eher Angst. Rasch zieht sie die Hand heraus und zeigt eine ernste, fast weinerliche Mimik. Sandra schaut wie gebannt auf Mutters Mund und Zähne. „Was war da geschehen? Ob ich nochmals nachschauen soll?" – oder so ähnlich könnten jetzt Sandras Gedanken sein. Wieder greift sie einen Zahn und wieder macht sie die Erfahrung, daß der Zahn sich nicht bewegen läßt. Dieses Mal hält die Mutter ganz still und läßt Sandra mehrmals hintereinander die Erfahrung machen. Zwischendurch patscht Sandra aufgeregt mitten ins Gesicht der Mutter; dann wendet sie sich wieder der Zahnerkundung zu. Wie man sieht, ist Sandra voll und ganz damit beschäftigt, das Gesicht der Mutter zu erkunden.

Erich, 8 Monate, sitzt auf dem Schoß des Vaters. Er ist schon seit einiger Zeit mit dem Vollbart des Vaters beschäftigt. Immer wieder patscht er darauf und packt auch schon mal kräftig zu. Der Vater schreit laut „aua", lacht aber dabei. Er hält die Hand des Sohnes kurz fest, bis Erich den Bart losläßt. Erich scheint das Lächeln des Vaters zu ermutigen, das gleiche noch einmal zu tun. Wieder schreit der Vater mehr belustigt und scherzend als vor Schmerz „aua". Beide haben ein kleines Spiel entwickelt.

Aber es gibt in Papas Gesicht noch etwas anderes: Erich greift zielstrebig die Brille und zieht sie ungeschickt weg. Der eine Bügel bleibt an Papas Ohr hängen. Erich zerrt kräftig, läßt plötzlich los. Mit einer raschen Bewegung kann der Vater größeres Unheil verhindern. Erich ist von dem Ernst, den der Vater nun plötzlich zeigt, unangenehm überrascht. Er hält inne, wartet ab, was der Vater jetzt tut.

Der Vater setzt die Brille ganz ab, kontrolliert, ob alles in Ordnung ist und setzt sie wieder auf.

„Aha, das da gehört nicht zu Papas Gesicht", oder „Das geht vom Gesicht weg" ... so könnte die neue Erkenntnis Erichs lauten. Er muß es jetzt genau wissen: Erich patscht mit der flachen Hand auf ein Brillenglas und packt wieder zu. Die Brille verrutscht. Der Vater meint jetzt ernsthaft: „He, du machst mir ja die Brille kaputt. Bitte laß das!" Erich streckt sein Händchen wieder nach der Brille aus. Jetzt ist der

Vater auf die „Attacke" des Sohnes gefaßt und kann schnell genug Erichs Arm fassen und nach unten führen. „Nein, Erich!" lautet sein energischer Befehl. Sicherheitshalber nimmt er jetzt die Brille ab, zeigt sie seinem Sohn mit den Worten: Schau, das ist meine Brille. Ich lege sie jetzt lieber auf den Tisch, bevor du sie mir noch kaputtmachst." Erich hat alles aufmerksam beobachtet. Er verfolgt Papas Worte, und natürlich, was mit „diesem Ding" da geschieht. Er behält es noch einige Zeit auf dem Tisch im Auge, dann läßt er sich von dem Hoppe-Hoppe-Reiter-Spiel des Vaters davon ablenken.

Entwicklungsschritte:

1. Ausdifferenzierung des *Erkundungsverhaltens*	Die Hand wird zunehmend zum Tast-Organ; es entwickeln sich neue Formen von Tastaktivitäten.
2. Erkennen und *unterscheiden* von *belebter* und *unbelebter Umwelt*	Erkennen, was zum Körper/Gesicht einer Person/eines Tieres gehört und was aufgesetzt ist.
	Erkunden, welche Dinge am Körper einer Person sind und Erfahrungen machen, was man üblicherweise an den Körper anlegt und wozu es dient.
3. *Erfahrungen sammeln* (speichern)	Erfahrungen über den Gegenstand/Körperteil; Erfahrungen zu: „Was geschieht, wenn ich darauf patsche und daran ziehe?"
3. Differenzierung der *zwischenmenschlichen*	Non-verbaler und verbaler Ausdruck von Gefühlen

Kommunikation	und Bedürfnissen (der Bezugsperson) wird am Modell gelernt.
4. Förderung der *Sprachentwicklung*	Passives Sprachverständnis (Begriffe und Satzbedeutungen); Erfassen des Satzbaus (Grammatik).
5. Verbesserung der *Hand-* und *Fingermotorik*	Gezielte Hand-Augen-Koordination; Greifen und Loslassen-Können; Erfahrungen mit der Kraftdosierung.

Ausdifferenzierung des Erkundungsverhaltens

Die Hand ist ein einzigartiges Instrument: Sie verfügt sowohl über die motorischen Fähigkeiten zum Greifen und Hantieren als auch über die Sinnesorgane in der Haut, die über die Oberflächenstruktur, Temperatur, Form und Materialbeschaffenheit informieren.

Nachdem die Hände die ersten drei Monate als *Zubringer* zum Mund gedient haben, werden sie im folgenden Entwicklungsschritt immer mehr zum aktiven *Erkundungsorgan.*

Je nach Alter – in Abhängigkeit von der vorangegangenen Entwicklung der Wahrnehmung, der Motorik und der Intelligenz – zeigen sich typische Erkundungsformen:

Zunächst sehen wir ein bloßes *Umfassen* (Festhalten) eines Gegenstandes. Dieses „ruhige" oder passive Erkunden vermittelt lediglich Informationen über die Temperatur und in etwa auch über die Größe eines Gegenstandes.

Etwa mit vier Monaten *handelt* der Säugling, indem er die Gegenstände betatscht, darauf schlägt, stößt, bekratzt, drückt, hin- und herschwenkt u. a. m. Damit sind zusätzlich Informationen über die Oberflächenbeschaffenheit und Konsistenz eines Gegenstandes/Materials möglich.

Mit ca. neun bis zehn Monaten hält das Kind den Gegenstand mit der einen Hand fest, während es mit der anderen Hand diesen betastet, indem es vorrangig die Umrisse abfährt. Auf diese Weise ist die Form erfaßbar. Wir können hierbei die für spätere Aktivitäten (z. B. Bauklötze zusammenstecken, malen, kneten) so bedeutsame *Hand-Hand-Koordination** in ihren Anfängen entdecken.

Wie in Kap. 2.9 dargestellt, verlieren sich die einmal erworbenen Erkundungsaktivitäten keinesfalls. Sie werden durch die neu erworbenen ergänzt und je nach Bekanntheitsgrad und Aufforderungscharakter eines Gegenstandes/Materials variabel eingesetzt. Auch hier ist wiederum das Entwicklungsprinzip der sich überlappenden und gegenseitig beeinflussenden Entwicklungsschritte zu erkennen.

Erkennen und Unterscheiden von belebter und unbelebter Umwelt; Erfahrungen sammeln

Die aktive Berührung mit den Händen in Form von betatschen oder patschen, beklatschen, bekratzen, begreifen, packen und ziehen ermöglicht das Erkennen von Gegenständen (oder Materialien) in ihren Formen, Materialien, Oberflächenstrukturen und Temperaturen. Gleichzeitig werden sie in ihren bestimmten Eigenheiten bei bestimmten Manipulationen erfaßt. Der Gegenstand, das Material könnte zerreißen, zerbrechen, zerdrückt werden usw. Wie bereits in Kap. 2.2 bis 2.4 erläutert, stehen all diese Aktivitäten im Dienste der *Informationsgewinnung.* Handelt es sich um die Erkundung eines menschlichen Gesichts und anderer Körperteile, geht es natürlich um Informationen über den menschlichen Körper und Erfahrungen über Dinge, die untrennbar mit dem menschlichen Körper verbunden sind (Haare, Bart, Wimpern, Zähne usw.) und solche, die *nicht* zum Körper gehören.

All diese Erfahrungen über den menschlichen Körper sind eingebettet in eine Kommunikation und Interaktion. Das bedeutet, daß jede Aktion des Kindes eine direkte non-verbale und/oder verbale Re-aktion der Bezusperson zur Folge hat, die dem Geschehen eine zwischenmenschliche Bedeutung beimißt. Die Erfahrungen sind somit in eine sinnvolle Reizkonfiguration eingebettet, die ja erst ein sinnvolles Lernen ermöglicht. (Vgl. Kap. 2.3.)

Verbesserung der Hand- und Fingermotorik

Über die verschiedenen Formen des Greifens und Erkundens erhält das Kind eine Menge an Sinnesreizen, die ihrerseits rückwirkend die motorische Aktivität des Betastens aufrechterhalten. Das Interesse, den Gegenstand weiterhin zu erkunden, wird permanent durch die Erkundungsaktivität selbst bestärkt. Über derartige Aktivitäten vollzieht sich eine Vielzahl von Bewegungsmustern mit den Fingern und Händen, die im Sinne einer *fortgesetzten Übung* die Motorik weiter ausdifferenzieren.

Differenzierung der zwischenmenschlichen Kommunikation und Förderung der Sprachentwicklung

Über das Begreifen mit allen Sinnen kommt es zu einem Verständnis der Umwelt und letztendlich auch zu sprachlichen Begriffen.

Martha, 9 Monate, befindet sich auf den Armen der Mutter und betrachtet genau deren Gesicht.

Jetzt beginnt Martha mit ihrer rechten Hand, auf das linke Auge der Mutter zu klatschen. Die Mutter sagt: „Nein, Martha, das tut weh. Bitte nicht in die Augen!" Martha ist aber gerade von den Augen so fasziniert; Augen, die „auf und zu gehen". Nun bohrt sie mit einem Finger direkt in das linke Auge der Mutter. Die Mutter schreit laut auf: „Au, Martha! Nicht in die Augen! Das tut ganz arg weh."

In dieser kleinen Szene erfährt Martha sowohl den Begriff „Augen" mehrmals, als auch die sprachliche Ausdrucksform für einen Schmerz (= „au"). Das Wort „au" ist mit einem typischen mimischen Ausdruck und einer Geste der Abwehr verbunden, so daß Martha durch die Wiederholungen bald das Wort „au" als einen *Sinnträger* (= Bedeutung) erfaßt.

Ganz nebenbei lernt Martha gleichzeitig die Wirkungen von Handlungen (hier: = in die Augen bohren) kennen und weiß bald, was gefällig ist und was auf Abwehr stößt oder gar Bestrafung zur Folge hat.

Im Erkundungsverhalten werden aber nicht nur sprachliche Begriffe, sondern auch sprachliche Strukturen erfaßt, die sich später in einem korrekten *Satzbau* widerspiegeln.

Beispiel: *Das Kind (=* Subjekt*) greift (=* Verb*) den Greifring (=* Objekt*) und klatscht (=* Verb*) ihn gegen die Gitterstäbe (=* Objekt*) des Bettes.*

Die Satzstruktur Subjekt (Verb (Objekt stellt den chronologischen Handlungsablauf dar. In der Verknüpfung (= und) haben wir schon eine kleine Reihenfolge von Handlungen geordnet wiedergegeben. Damit ist der Satzbau schon länger. Um solche längeren Sätze bilden zu können, bedarf es noch vieler Handlungsketten, die das Kind erfahren haben muß. Dies erfordert noch etwa weitere zwei Jahre Entwicklungszeit.

3.4 Alles fallen lassen – Übung der bewußt gesteuerten Handmotorik, soziales Spiel

Verhaltensweisen:

- Nahrungsmittel, die in der Hand gehalten werden, fallen lassen
- Den Löffel während der Mahlzeit „einfach" fallen-lassen
- An Mutters Brust kurz trinken, aufhören, etwas anderes tun, dann wieder zurück an Mutters Brust wollen („ewiges" Wechselspiel)

Walter, 8 Monate, sitzt in seinem Hochsitz beim Mittagessen. Er hält gerade seinen Löffel selbst und ist stolz darauf, daß er den Brei auch selbst löffeln kann.

Plötzlich – für die Mutter völlig unvermittelt – läßt er den Löffel aus der Hand fallen. Mit lautem Krach schlägt er auf dem Tellerrand auf und fällt zu Boden. Alles um Walters Platz herum, vor allem der schöne Teppich, ist mit Gemüsebrei verspritzt. Während Walter völlig unbeeindruckt scheint, reagiert die Mutter in Anbetracht der „großen Sauerei" leicht entsetzt und weist ihren Sohn mit etwas strengen Worten an, den Löffel doch nicht fallen zu lassen.

Ann-Kathrin, 8;3 Monate, ist ein sehr munteres, aufgewecktes Baby, das bis zum Alter von sechs Monaten voll gestillt worden war. Die Mutter wollte eigentlich bis dahin abgestillt haben, weil sie es „an der Zeit" fand. Auf Anraten des Kinderarztes war sie bereit, das Abstillen noch etwas hinauszuschieben. Dem kräftigen Appetit des Kindes entsprechend füttert die Mutter tagsüber mit Breinahrung zu.

Trotz ausreichender Nahrungsmenge hat Ann-Kathrin die für die Mutter lästige Angewohnheit, spätestens nach dem Mittagsschlaf „ständig an die Brust zu wollen". Während die Tochter morgens ein liebes und munteres Kind sei, sei sie nachmittags die „reinste Nervensäge". Sie sei nörgelig, wisse nicht, was sie wolle und schreie viel. Nur wenn sie an der Brust trinke, sei für kurze Zeit Ruhe.

Die Mutter erzählt: „Wenn Ann-Kathrin nach dem Mittagsschlaf zum ersten Mal angelegt wird, trinkt sie kräftig und ausdauernd; da hat sie wirklich Hunger. Danach ist für wenige Minuten alles in Ordnung. Doch dann will sie gleich wieder an die Brust, was sie auch darf. Aber bereits nach wenigen Saugbewegungen geht das Theater wieder los."

Wenn man Mutter und Kind beobachtet, zeigt sich folgendes: Ann-Kathrin stößt nach wenigen Saugbewegungen, die sogar noch im „Schneckentempo" mit längeren Pausen erfolgten, die Brustwarze aus dem Mund, schaut die Mutter an, stemmt sich mit den Beinen an der Stuhllehne ab, bäumt sich hoch, läßt sich wieder fallen und bäumt sich wieder hoch, äußert quengelige Laute. Dies macht sie solange, bis die Mutter sie aufnimmt und leicht über ihre

Schulter geneigt hält. Die Mutter seufzt: „Ach, Ann-Kathrin, was ist denn heute wieder los? Erst willst du trinken, dann doch nicht. Dir kann man heute wohl wieder nichts recht machen." Ann-Kathrin quengelt weiter. Die Mutter legt sie wieder an die Brust, aber Ann-Kathrin mag nicht trinken. Sie hebt den Kopf an, streckt ihre Ärmchen nach oben, ein eindeutiges Zeichen, daß sie aufgenommen werden möchte. Die Mutter versteht dieses Signal und legt sie über ihre Schultern zum „Bäuerchen-machen".

Nachdem das Bäuerchen erfolgt ist, sagt die Mutter: „Aha, das Bäuerchen war's. Jetzt geht es dir wieder besser. Magst du etwas zum Spielen haben?" Sie reicht ihr den Beißring. Ann-Kathrin nimmt ihn an, beißt wenige Male darauf herum, läßt ihn fallen. „Magst du das auch nicht haben? Ja, was willst du denn dann? Vielleicht die kleine Rassel?" Ann-Kathrin quengelt weiter, so als ob sie die Angebote der Mutter gar nicht wahrgenommen hätte. Nun beginnt sie am Hals der Mutter zu lutschen und macht die typischen Suchbewegungen des Kopfes (Hin- und Her-Bewegungen). Die Mutter interpretiert dies als Wunsch, doch wieder an die Brust zu wollen, und legt sie an. Nach drei Saugbewegungen saugt sich Ann-Kathrin an der Brustwarze fest wie ein Saugnapf und beißt hinein. Das erschrockene „aua" der Mutter läßt sie kurz innehalten, um dann das gleiche nochmals zu tun. Die Mutter schimpft scherzend mit ihr. „So, ich glaube, jetzt reicht es wirklich! Du möchtest nur deine Spielchen mit mir machen." Die Mutter setzt sie kurzerhand auf den Boden auf die Spieldecke und legt ihr verschiedene Spielgegenstände in Reichweite.

Und wie es kommen muß – Ann-Kathrin schaut sich die Gegenstände kurz an, greift ein Tuch, läßt es fallen. Sie äußert ungeduldige, quengelige Laute, streckt die Arme hoch, jammert. Die Mutter nimmt sie wieder auf, setzt sie auf ihren Schoß und reicht ihr einen Gegenstand nach dem anderen. Aber Ann-Kathrin ist nicht zu beschäftigen. Sie bäumt sich nach hinten, um zu zeigen, daß sie wieder an die Brust möchte. Die Mutter legt sie an, doch Ann-Kathrin „saugt sich nur fest", ohne zu trinken. Während sie die Brustwarze festhält, stemmt sie sich kräftig gegen den Stuhl, bäumt ihren Körper auf und wippt auf und ab. Verständlicherweise beendet die Mutter sichtlich genervt das Spielchen und meint: „So, jetzt gibt es nichts mehr! Am besten, wir gehen jetzt erst einmal spazieren." Ein kluger Entschluß der Mutter, um das Wohlbefinden für beide wiederherzustellen.

Entwicklungsschritte:

1. Weiterentwicklung der -*Handmotorik*	Vom Greifen und Festhalten zum Loslassen-Können.
2. Fortschreiten der *emotionalen Entwicklung*	Zuwachs an Eigenständigkeit: Das Kind kann selbst entscheiden, wann es etwas wieder loshaben will.
	Zuwachs an Autonomie; unterstützt Ablöseprozesse von der Mutter.

Weiterentwicklung der Handmotorik

Bis zum Alter von ca. acht Monaten ist ein Baby in seinen Handlungsmöglichkeiten mit Materialien auf das *Greifen* und *Festhalten* begrenzt. Die Handmotorik ist noch nicht so weit entwickelt, daß ein willentliches *Loslassen* möglich wäre.

Ab etwa acht Monaten ist der neue Entwicklungschritt, das Loslassen-Können, zu beobachten. Die Babies haben diese neue Möglichkeit entdeckt und üben begeistert. Sie üben Gegenstände los-lassen oder auch fallen-lassen und etwas später wegwerfen (siehe Kap. 3.5). Es beginnt das *Loslassen – wieder erhalten, Verschwinden – wieder auftauchen, Verlieren – wieder finden* zu begreifen und dies mit *allem* zu üben. Ganz gleich, ob Spielzeug, Eßbesteck, Kleidungsstücke, Nahrungsmittel oder eben die mütterliche Brust. Die Geduld der Mutter wird während solcher Entwicklungsphasen in besonderem Maße beansprucht, wie am Beispiel Ann-Kathrins oder auch Walters unschwer zu erkennen ist.

Das Loslassen erfolgt übrigens auch dann, wenn die Fähigkeit zur längeren willentlichen muskulären Anspannung nachläßt. Kein Baby in dieser Entwicklungsphase kann über einen der Tätigkeit angemessenen Zeitraum hinweg die nötige Muskelspannung aufrechthalten. So wäre im Beispiel von Walter der Anspruch, daß er die ganze Mahlzeit über den Löffel konstant festhält, eine Überforderung.

In einem solchen Falle ist anzuraten, daß die Mutter von vornherein dafür Sorge trägt, daß ihr Kind den Löffel zwischendurch immer wieder ablegt; gerade, während es mit Kauen beschäftigt ist. Oder sie macht es darauf aufmerksam, daß man den Löffel immer wieder mal auf den Teller legen kann. Natürlich wäre auch möglich, daß die Mutter vorsorglich ab und zu kleine Unterstützungen mit ihrer Hand bietet, so daß das Kind nicht andauernd die hohe Muskelspannung aufrechterhalten muß.

Fortschreiten der emotionalen Entwicklung

Das Loslassen-Können im Umgang mit Materialien geht einher mit der Möglichkeit, auch die Mutter (bzw. Bezuspersonen) immer mehr loslassen zu können. Die emotionale Entwicklung und die Entwicklung der Wahrnehmungsfähigkeit des Kindes erlauben es den Bezugspersonen immer häufiger und längere Zeit, sich von dem Kind zu entfernen, da die seriale Wahrnehmungsentwicklung mit ca. acht Lebensmonaten soweit fortgeschritten ist, daß eine kurzfristig abwesende Person in der Vorstellung existent bleibt. (Weitere Erläuterungen zur Bedeutung des Entwicklungsschrittes siehe im nachfolgenden Kap. 3.5.)

3.5 Alles aus dem Bettchen werfen – Wegwerfen – Wieder-haben-wollen-Spiele

Ähnliche Verhaltensweisen:
- Mütze, Handschuh usw. aus dem Buggy/Kinderwagen werfen
- Nahrungsmittel (Apfelstück, Brei usw.) wegwerfen

Mara, 11 Monate, sitzt im Kinderbett und beißt auf einen Kauring. Neben ihr liegen eine kleine Stoffpuppe und eine Halskette aus dicken Bernsteinen. Alle Gegenstände dienen ihr abwechselnd als Beißmaterialien, da sie kräftig beim Zahnen ist. Maras Mutter befindet sich ebenfalls im Kinderzimmer und räumt Wäsche in den Schrank ein.

Mara zieht sich an den Gitterstäben hoch in den Stand. Den Kauring hält sie zwischen die ersten Zähnchen gepreßt. Nun greift sie den Ring und wirft ihn in hohem Bogen aus dem Bett. Sie lautiert dabei aufgeregt und beobachtet die Mutter aufmerksam, ob diese sie auch gehört habe.

Mutter: „Oh, ist dir der Kauring rausgefallen? Schau, hier hast du ihn wieder."

Mit diesen Worten reicht die Mutter Mara den Ring in die Hand, den sie mit großer Freude entgegennimmt. Schwups – landet der Kauring wieder auf dem Boden.

Die Mutter hat sich mittlerweile wieder ihrer Arbeit zugewandt und reagiert zunächst nicht. Mara wirft jetzt rasch hintereinander Stoffpuppe und Bernsteinkette auf den Boden, lacht dabei laut und hüpft vor Erregung. Die Mutter dreht sich um. „Endlich erkennt die Mutter (intuitiv), daß ich ein Spiel mit ihr machen möchte", könnte Mara jetzt denken und lacht um so lauter. Die Mutter legt die Gegenstände ins Kinderbett zurück. Mara schaut etwas verwundert, zögert einige Sekunden. Dann fliegt der nächste beste Gegenstand hinaus aus dem Bett, wieder mit freudiger Spannung. Da die Mutter noch zögert, fliegen gleich die übrigen Gegenstände hinterher. Mara hüpft aufgeregt im Bett und hält ihre Blicke auf der Mutter fixiert. Als diese endlich lächelnd und scherzend die Gegenstände zurückbringt, ist die Freude riesengroß. Sogleich wird wieder ein Gegenstand aus dem Bett geworfen. Mara macht mit ihren freudigen Lauten und dem aufgeregten Hopsen ganz deutlich, daß sie erwartet, daß die Mutter ihr alles wieder zurückbringt. Das Spiel könnte endlos fortgesetzt werden.

Leider findet die Mutter weder die Muße noch genügend Zeit dafür. Sie legt die Gegenstände auf die Wickelkommode. Damit sind die Gegenstände zwar aus Maras Reichweite, aber immer noch in Sichtweite (d. h. im visuellen Sinn). Sie zeigt ihren Unmut, quengelt weinerlich, hüpft aufgeregt vor Ärger. Aber alles Quengeln hilft nichts. Die Gegenstände bleiben *fort*. Schließlich weint sie bitterlich.

Die Mutter nimmt Mara auf ihre Arme, möchte sie mit beruhigenden Worten trösten. Aber Mara läßt sich nicht so schnell beruhigen. Die Mutter meint: „Wenn sie sich etwas in den Kopf gesetzt hat, gibt sie so schnell nicht nach. Soll sie es eben wieder haben." Die Mutter reicht ihr die Stoffpuppe, die Mara auch kurz annimmt, dann aber fallen läßt. „Irgendwie scheint es nicht mehr das gleiche zu sein wie vorher. Jetzt mag sie nicht mehr spielen", glaubt die Mutter und lenkt sie mit einem Hinweis auf den hereinspazierenden Hund von ihrer Enttäuschung ab.

Entwicklungsschritte:

1. *Soziale Interaktion* und Ausdruck des Kontaktwunsches und Freude	*Kommunikation* wird erweitert im *interaktiven Spiel.*
	Vorbereitung auf Ablöseprozesse (haben-loslassen; Nähe-Distanz).
2. Ausdifferenzierung der *serialen Stufe* der Wahrnehmungsentwicklung	Zeitliche Abfolgen und „wenn-dann-Beziehungen" werden erfaßt.
3. Weiterentwicklung der *intermodalen Wahrnehmungsstufe* (der visuo-motorischen	Gezieltes (d. h. unter Blickkontakt) Greifen des Gegenstandes. Werfen in eine beabsichtigte

Koordination*)	Richtung und Verfolgen des Gegenstandes mit den Augen.
4. Weiterentwicklung der *Handmotorik*	Ausdifferenzierung der Greifmuster (an den jeweiligen Gegenstand angepaßt). Willentliches Loslassen des Gegenstandes.
5. Entwicklung der *taktil-kinästhetischen Wahrnehmung*	Erfahrungen mit dem Krafteinsatz (Kraftdosierung) beim Werfen.
6. Entwicklung der *visuellen Wahrnehmung*	Visuelle räumliche Erfahrungen: Wie weit weg, in welche Richtung fliegt der Gegenstand? Wo landet dieser?
7. Entwicklung der *Körperkoordination*	Das Werfen erfordert ein *automatisches Ausbalancieren* des Gleichgewichts. Die Hand-Hand-Koordination ist gefordert: während die *eine* Hand festhält, wirft die *andere* (unterschiedliche Tätigkeiten).
8. *Emotionale Entwicklung:* Vorbedingungen zum Sauberwerden	Die Darmkontrolle beherrschen und bereit sein, den Kot herzugeben, geht einher mit der Bereitschaft, sich von Dingen zu lösen.

9. *Persönlichkeitsentwicklung:* Aufbau der sog. *Selbstwirksamkeit*	Indem das Kind etwas wegwirft/fallen läßt, macht es die Erfahrung, daß es etwas *bewirken* kann. (Ein anderer Mensch fühlt sich aufgefordert, den Gegenstand wieder aufzuheben/zu bringen.)

Im wesentlichen geht es bei den beschriebenen Verhaltensweisen um eine der ersten Formen des *sozialen Spiels.* Das Kind möchte Kontakt. Es drückt seinen Wunsch mimisch, gestisch und über die Handlungen aus. Es *erwartet* von den Bezugspersonen Aufmerksamkeit und Mitmachen. Es erwartet sozusagen responsive* Bezugspersonen.

Gleichzeitig erlebt es die Lust beim Spiel und macht erste Erfahrungen mit Spielregeln: erst ich, dann du, dann wieder ich usw.

Wie nebenbei übt es spielerisch das absichtsvolle Loslassen, macht Erfahrungen mit seinem Körper und dem Krafteinsatz.

Insgesamt betrachtet dienen derartige *Wegwerf-Spiele* der sozialen, emotionalen, motorischen und der Wahrnehmungsentwicklung.

3.6 Gegenstände in die Toilette werfen und fortspülen – „Weg-Fort"-Spiele

Ähnliche Verhaltensweisen:
(über verschiedene Altersstufen hinweg)
- Ein Bild malen und darüber kritzeln, oder das Papier zerknüllen.
- Einen Turm bauen und zerstören.
- Luftballons aufblasen und sofort zerplatzen lassen.

Konrad, 2;11 Jahre, mußte auf der Toilette ein „großes Geschäft" machen. Nachdem er „sein Produkt" ausgiebig begutachtet hatte, spült er es ordnungsgemäß das WC hinunter. Konrad beobachtet genau, was damit geschieht und ist erstaunt, daß es *ganz verschwindet.* Er beugt sich mit dem Kopf weit nach vorne, so als ob er in das Abflußrohr schauen und sich vergewissern wollte, wo das wohl geblieben ist – nach dem Motto: „Etwas, was es gibt, kann doch nicht einfach verschwinden." Nichts ist mehr zu sehen – einfach weg – unwiederbringlich!

Konrad ist so davon fasziniert, daß er es noch einmal wissen möchte. Er reißt einige Blätter Toilettenpapier ab, knüllt sie zusammen und wirft sie in das WC. Er spült das Papier hinunter. Wieder geschieht das gleiche: einfach fort – und kommt nicht wieder. Konrad sagt aufgeregt „fort", so als ob er es sich bestätigen müßte.

Jetzt schaut er sich um, was es sonst noch gibt, was man verschwinden lassen kann. Er nimmt die Zahnpastatube und Mamas teuerstes Cremetöpfchen. Beides fliegt sofort in das WC. Konrad spült und spült, aber dieses Mal wollen die Gegenstände nicht so schnell verschwinden. Er holt die Zahnpastatube wieder heraus, betrachtet sie genau. Sie sieht immer noch gleich aus. Nun steckt er einige Meter Toilettenpapier in die Kloschüssel. Er schaut gebannt ins WC, während er lange die Klospülung drückt. Aber, o weh, das Wasser fließt nicht ab und das Papier wirbelt im Wasser herum. Er ruft aufgeregt „Mama, Mama!", in der Hoffnung, daß sie die Sache wieder in die alte Ordnung bringt, damit er neue Dinge fortspülen kann.

Selina, 3;7 Jahre, ist im Kindergarten. Eine ihrer Lieblingsbeschäftigungen ist das Malen. Sie kritzelt ausdauernd mit vielen Farben. So entstehen bunte Bilder, die nach Aussagen von Selina „Sonne" und „Mond" und „Wolken" darstellen. Voller Stolz zeigt sie jedes Mal ihr fertiges Bild der Erzieherin.

Völlig unverständlich scheint der Erzieherin, daß Selina in letzter Zeit sehr häufig ihre schönen Werke überkritzelt. Mit Wasserfarben angefertigte Bilder werden abschließend ganz mit dunklen Farben überpinselt und anschließend zerknüllt. Selina hat einen besonders großen Papierverbrauch. Selbst die wohlwollendsten Worte der Erzieherin können Selina nicht von der Zerstörung ihrer Werke abbringen. Selina scheint dabei keineswegs traurig über ihre „Verluste" zu sein. Die einzigen Personen, die das Verhalten Selinas „schade" finden, sind die Erwachsenen.

Entwicklungsschritte:

1. Fortschreiten der *geistigen Entwicklung*	Erkennen von Folgen der Handlung und von „Wenn-dann-Beziehungen". Auftauchen von neuen Fragen über die Gesetzmäßigkeiten der Welt.
2. Fortschreiten der *emotionalen Entwicklung*	Sich lösen vom eigenen Produkt, etwas hergeben und nicht wiederbekommen. Vorstufe zum Teilen-Können.

Fortschreiten der geistigen Entwicklung

Halten wir zusammenfassend fest: Die Entwicklung des Loslassens ging aus vom einfachen *Loslassen* oder *Fallenlassen* eines Gegenstandes (als neue motorische Leistung) zum *Fallenlassen und Wegwerfen* in der Erwartung, daß der Gegenstand *wieder gebracht* wird (als geistige und sozial-interaktive Leistung), bis hin zum *Loslassen* und sich un-wiederbringlich davon *trennen* (als geistige und soziale Leistung).

Hauptthemen dieses Entwicklungsschrittes sind:
- etwas haben – verschwinden lassen,
- etwas herstellen – zerstören (= verschwinden lassen).

Das Kind erfährt auf diese Weise die Gesetzmäßigkeiten der Welt. Was passiert, wenn man etwas verschwinden läßt? Wohin geht das? Welchen Weg nimmt das Wasser? Wo endet das? Kommt das auch wirklich nicht wieder? Ist die Handlung rück-

gängig zu machen? Viele ähnliche Fragen tauchen auf und lassen das Kind auch viele Fragen darüber stellen.
Es ist jetzt wißbegierig.

Wir erinnern uns, daß der erste große Sprung in der geistigen Entwicklung durch das Einsetzen der serialen Wahrnehmungsstufe geschah, als damit das Kind erstmalig von der direkten Wirksamkeit von Sinnesreizen unabhängig wurde und es sich etwas, das nicht mehr sichtbar, hörbar und spürbar war, trotzdem als existent vorstellen konnte. Dies durch die reale Erfahrung, daß das Verschwundene tatsächlich wieder auftauchte und mit den Sinnen erfahrbar wurde.

Bei dem weiteren Entwicklungsschritt, den wir vereinfacht als „Weg-Fort"-Spiel bezeichnen, macht das Kind die *neue Erfahrung*, daß die Dinge durch *ganz bestimmte Handlungen unwiderruflich fort* sind. Die Handlungsfolgen sind nicht oder nur teilweise rückgängig zu machen. Was man wegspült oder zerplatzen läßt oder zerreißt, bleibt verschwunden oder eben zerstört; zerknülltes Papier kann zwar wieder auseinandergefaltet werden, aber es bleiben Knitterspuren. Das Kind *lernt* fasziniert die unterschiedlichsten Folgen seiner Aktionen kennen.

Fortschreiten der emotionalen Entwicklung

Die Entwicklungsphase ist einerseits durch das Loslassen und Verschwindenlassen von Gegenständen charakterisiert, andererseits aber auch durch das Loslassen der sichernden Bezugspersonen. Diese neuerliche Ablösungsphase ist unterstützt von der motorischen Fähigkeit, sich schnell und überallhin fortbewegen zu können. In dieser Entwicklungsphase ist das Kind geradezu von seinem Bewegungs- und Erkundungsdrang erfüllt; es will in die Welt stürmen und sich ein Stück mehr von Mutter/Vater lösen.

Es besteht daher leicht die Gefahr, daß die etwa dreijährigen Kinder sich beim Spaziergang oder Einkauf einfach von der Hand der Bezugsperson lösen, um zu ihrem auserkorenen Ziel zu eilen. Sie beachten weder momentane Gefahren des Straßenverkehrs noch denken sie daran, daß sie sich im Gewühl verirren könnten. Der „Vorwärtsdrang" läßt alles andere vergessen.

Diese Entwicklungsphase ist auch die Zeit, wo sich die Kinder mehr anderen Personen (Erzieherin, Altersgleiche usw.) zuwenden können, da sie nicht mehr so eng an Mutter/Vater gebunden sind.

Eine weitere Errungenschaft dieser Entwicklungsphase besteht darin, jetzt erstmals „wirklich" teilen zu können. Während zuvor anderen Kindern und auch Familienmitgliedern Angebote gemacht wurden, die aber nicht in die Tat umgesetzt werden konnten, darf jetzt die andere Person davon Gebrauch machen. Denn „echtes" Teilen bedeutet nichts anderes, als daß der Gegenstand (die Süßigkeit, das Geld usw.) wirklich weg sind und auch nicht zurückgefordert werden sollten.

Zeigt ein Kind die „Weg-Fort"-Aktionen noch zu wenig , ist es höchstwahrscheinlich auch nicht zum Teilen bereit. Es wird allerdings öfter Angebote machen, z. B. ein Bonbon hinhalten, als ob es teilen wollte, aber niemals wirklich hergeben. Bestehen Eltern dann darauf, daß es dem anderen Kind nun das Bonbon gibt, weil es ja das Angebot von sich aus gemacht habe, unterliegen sie einem Irrtum. Oft fühlen sich Eltern aus „moralischen Gründen" genötigt, ihr Kind in einem solchen Fall zum Teilen zu zwingen. Sie werden heftigen Protest und/oder viele Tränen ernten.

3.7 Mit den Händen im Essen mantschen – selbständig die Welt unmittelbar sinnlich erfahren

Ähnliche Verhaltensweisen (in späteren Entwicklungsphasen):
- mit Sand und Wasser schmieren/dreckeln
- mit Wasser matschen
- mit Teig und Knet arbeiten
- mit Fingerfarben malen
- mit Kleister, Pappmaché arbeiten

Norbert, 7;9 Monate, sitzt beim Mittagessen im Kindersitz. Vor ihm steht ein Teller mit Gemüse- und Kartoffelbrei. Seine Mutter füttert ihn mit einem Löffel. Zwischendurch möchte Norbert den Löffel selbst halten. Aber es klappt noch nicht so richtig, das Essen auf den Löffel zu schieben. (Das Handgelenk ist noch nicht beweglich genug.) Die Mutter meint: „Nein, Norbert, das kannst du noch nicht, komm, laß mich füttern."

Norbert gibt kurzzeitig seinen Wunsch auf und faßt in den Teller. Er patscht und rührt mit seiner rechten Hand im Essen. Da er den Teller nicht mit der anderen Hand festhält (noch fehlende Hand-Hand-Koordination), rutscht dieser hin und her. Die Mutter hält ihn fest, ohne Norbert in seinem „Spiel" zu stören. Sie wartet eine Weile, was geschieht. Norbert nutzt nun beide Hände, um den Brei zu erkunden: Er macht viele Entdeckungen:

„Wie fühlt sich das an? Weich und klebrig; flutscht durch die Finger, bleibt daran hängen usw.

Wie sieht das denn aus? Grün und gelblich gemischt, da etwas orange, schön verschmiert usw.

Wie schmeckt und riecht das? Mal unter die Nase halten, ins Gesicht schmieren oder in den Mund stecken. Mhm, fein." So oder so ähnlich könnten seine Gedanken und Handlungsimpulse lauten.

Norbert mantscht glückselig in seinem Teller, führt ab und zu seine Hände zum Mund und versucht, den Brei in den Mund zu stopfen. Er bemerkt, daß dies gar nicht so einfach ist. Man muß die Hand entweder ganz in den Mund stecken oder die Finger ablutschen. „Ganz schön anstrengend, aber toll!"

Norbert hat es geschafft, *selbst* zu essen und gleichzeitig mit *mehreren Sinnen* Erfahrungen über die Breinahrung zu machen. So werden die Eigenständigkeit wie auch die intermodale Wahrnehmungsentwicklung gefördert.

Entwicklungsschritte:

1. Förderung der *Wahrnehmungsentwicklung*	Durch Erfahrungen mit *mehreren* Sinnen gleichzeitig wird die Verknüpfung der einzelnen Sinne un-

	tereinander angeregt. (*Intermodale* Stufe der Wahrnehmungsentwicklung.) Die *einzelnen* Sinneserfahrungen führen zu einer Fortentwicklung der *modalen* Stufe.
2. Anregung der *emotionalen Entwicklung*	*Übergangsphase* von der Abhängigkeit hin zu mehr *Eigenständigkeit.* Aufbau und Stärkung des *Selbstwertgefühls.*

Anregung der emotionalen Entwicklung

Aus tiefenpsychologischer Sicht besteht das Ziel des Matschens mit dem Essen im Unabhängigwerden von der mütterlichen Brust und in zunehmender Eigenständigkeit. Die Aktivität „matschen" wird als *Übergangsphase* von der Nahrungsaufnahme an der mütterlichen Brust (oder dem von ihr Gefüttert-Werden) zum eigenständigen Essen mit dem Löffel betrachtet. Die Entwöhnung von der Mutterbrust wird dabei vom Kind selbst eingeleitet: Es zeigt die ersten Ansätze dazu, indem es einmal festere Nahrung annimmt, auf Brot und anderen festeren Teilen herumkaut (durch das Zahnen angeregt) und zum anderen immer häufiger *mit den Händen im Essen matscht* und/oder *mit den Händen ißt.*

Das Essen mit den Händen stellt eine Übergangsphase zum nachfolgenden Essen mit Löffel und Gabel dar.

- Man sollte daher das Baby in dieser Entwicklungsphase ruhig immer wieder einmal mit dem Essen matschen lassen. Natürlich soll alles seine Grenzen haben, und natürlich soll auch genügend Nahrung im Mund landen. Eine geschickte Kombination von füttern und Matschen-Lassen – vielleicht gegen Ende der Mahlzeit – wäre sinnvoll. Oder man macht eigens einen Obstbrei oder Rührteig, den das Kind nach Lust und Laune verzehren darf, als kleine „Zwischenmahlzeit für Hände und Mund".

- Nehmen das Erkundungsverhalten und die dabei verübte „Sauerei" allerdings ein zu großes Ausmaß an, dürfen selbstverständlich Grenzen gesetzt werden. Am besten durch eine leichte Handführung oder eben, indem man nur wenig „Material" zur Verfügung stellt. Alternativen zur Eingrenzung der Verschmutzungen sind entsprechende Vorkehrungen. Das fängt bei einer robusten, fleckunenpfindlichen Kleidung an, geht über eine abwaschbare Tischdecke bis hin zur Teppichentfernung unterm Hochsitz oder auch zur Abdeckung mit Plastikfolie, Linoleumteil oder auch mal Zeitungspapier. Alles, was das Leben für Eltern wie für das Kind erleichtert, ist erlaubt.

- Keinesfalls sollten Bestrafungen in Form von Beschimpfen, Klaps auf die Finger oder gar Essensentzug praktiziert werden, da dadurch das Kind empfindlich in seinem Erkundungsverhalten und seinem Wunsch nach Eigenständigkeit gebremst würde. Auch bliebe die so wertvolle selbstbestätigende Erfahrung „Ich kann das alleine!" aus.

3.8 Den Kopf zwischen Gitterstäbe und in Ritzen stecken – Körper und Gegenstände kombinieren lernen

Ähnliche Verhaltensweisen:
- mit dem Finger in Löchern/Steckdose bohren
- mit dem Finger Löcher bohren
- Gegenstände in Nasenlöcher und Ohren stecken
- Gegenstände in Öffnungen und Ritzen stecken

Kerstin. 10;2 Monate, sitzt in ihrem Gitterbett und spielt mit verschiedenen Spielsachen. Im Moment interessiert sie ganz besonders ein kleiner Plastikbehälter, in dem zuvor ein Diafilm aufbewahrt worden war. Sie versucht, ihre kleine Hand hineinzustecken, was aber nicht geht; dann spreizt sie die Finger ab und kann so gleich zwei bis drei Finger hineinstecken. Kerstin wiederholt dies mehrere Male hintereinander. Offensichtlich ist diese Beschäftigung bald nicht mehr interessant genug: Kerstin läßt die Plastikdose fallen.

Sie legt sich bäuchlings hin, kommt mit dem Kopf an die Gitterstäbe. Nun hält sie sich mit beiden Händen an den Stäben fest und versucht, den Kopf zwischen den zwei Stäben hindurch zu stecken. Glücklicherweise ist der Abstand der Stäbe zu gering, als daß ihr Kopf hindurchpassen würde. Nach mehreren Versuchen gibt sie auf.

Kerstin richtet sich auf, zieht sich in den Stand und versucht das gleiche nochmals. Aber auch aus dieser Position heraus ist kein Erfolg zu verzeichnen.

Vincent, 1;11 Jahre, hat schon seit einigen Wochen als „Lieblingsspiel" das Löcher-Bohren und auch Löcher-Entdecken. Er nutzt alle Materialien und Gegenstände, um Löcher zu stupfen: in Knet, Papier, Gemüsebrei, Stofftiere usw. Auch haben es ihm die Augen der Stofftiere und -Puppen angetan, in die er hineinbohrt.

Vincent wird vom Vater ein Fußball zugerollt. Er greift ihn sofort mit beiden Händen, und anstatt die Spielaufforderung des Vaters zu beantworten, untersucht er den Ball gründlich. Er dreht und wendet ihn solange, bis er endlich das „Loch" gefunden hat. Er drückt mit seinem Zeigefinger in das Ventil, als ob er entweder ein Loch bohren oder aber überprüfen wollte, ob man da nicht hineinfassen kann. Vincent hält einige Minuten seine ganze Aufmerksamkeit auf diese „Öffnung" gerichtet.

Gabor, 2;1 Jahre, ist ähnlich wie Vincent gerade dabei, Löcher zu entdecken. Gabor wird zur Zeit regelmäßig auf den Topf gesetzt. Als „Belohnung" darf er mit ins Bad und zusehen, wie sein Produkt in die Toilette geschüttet und weggespült wird. Er ist fasziniert davon, wie es einfach verschwindet.

Aber nicht nur das fesselt ihn, sondern die Tatsache, daß da ein

Loch ist, wo etwas hineingeht. Er versucht sofort mit dem Finger das Loch zu erkunden. Die Mutter ist bemüht, ihn davon abzuhalten, da sie es aus hygienischen Gründen nicht zulassen möchte. Aber Gabor ist ein kluger Junge, er nutzt immer wieder einen unbeaufsichtigten Moment, wo er rasch in das Badezimmer gelangen und ungestört das Abflußloch in der Toilette erkunden kann.

Genauso interessant findet Gabor den Abfluß in der Badewanne. Auch hier muß er immer wieder mit seinen Fingern dieses Loch, „wo das Wasser hineinstrudelt", betasten und in Erfahrung bringen, was ein Loch ausmacht. Am tollsten findet er natürlich, wenn das Wasser abfließt, einen Strudel bildet und er in Loch *und* Strudel fassen kann.

Nadjas Mutter muß zur Zeit besonders aufmerksam die Spielmaterialien überprüfen, da Nadja (2 Jahre) kleine wie größere Gegenstände in ihre Ohren und Nasenlöcher, aber auch in den Abfluß des Wasch- und Spülbeckens zu stecken versucht Es gab daher schon manche „Verstopfung". Selbst Steckdosen und die Ritzen der Polstermöbel dienen ihr als willkommene Gelegenheiten. Holzperlen, kleine Legoteile, Murmeln, Knöpfe und ähnliche Kleinteile dürfen nur unter Aufsicht zum Spiel benutzt werden.

Nadja sitzt schon seit einigen Minuten auf ihrem Spielteppich. Sie vergnügt sich mit Materialien ihres Kaufladens und hat sich ein Holzkörbchen mit verschiedenen Früchten aus Holz geholt. Nadja legt noch zwei Packungen „Reis" dazu, die als Füllung erbsengroße Zukkerperlen beinhalten. Im Spiel mit den Früchten zerdrückt sie versehentlich eine Schachtel, so daß der Inhalt herausperlt. Sie greift eine der harten Zuckerperlen, steckt sie zunächst in den Mund, dann holt sie diese wieder heraus und steckt sie in ihr rechtes Ohr. Gleich wird die nächste Perle gegriffen und sofort in das gleiche Ohr gesteckt. Nun beginnt sie zu jammern, läuft zur Mutter und schlägt sich mit der rechten Hand aufs Ohr. Die Mutter versteht ihr Signal erst nicht, dann aber schaut sie, das Unglück ahnend, in Nadjas Ohr, ob nicht schon wieder etwas darin steckt. Die zweite Perle kann die Mutter einigermaßen problemlos herausholen; die erste Perle jedoch sitzt so tief, daß sie Sorge hat, das Trommelfell zu verletzen. Vorsichtshalber geht sie mit Nadja zum Kinderarzt.

Entwicklungsschritte:

1. *Wahrnehmungsentwicklung*	*Tiefenwahrnehmung* über die Finger (taktil-kinästhetische Rückmeldungen) in Verbindung mit visuellen Rückmeldungen.
2. *Intelligenzentwicklung*	*Kombination* von *Körper* mit *Loch/Ritze,* und/oder *Kombination* von *Gegenstand* mit Loch/Ritze. *Erfahrungen* mit physikalischen Gesetzmäßigkeiten.

Entwicklungspsychologische Untersuchungen (schon um 1960) haben gezeigt, daß Kinder von Anfang an, also angeboren, die Fähigkeit zur visuellen *Tiefenwahrnehmung* besitzen. Sie erkennen einen Abgrund und natürlich auch Öffnungen, die sich als *Löcher* darstellen.

Es ist für die Kinder nun faszinierend zu erkunden, „was da drin ist", „was und wieviel man da rein stecken kann", „wie es sich anfühlt" (kein Widerstand, keine Berührung), „wie tief es ist". Kurz, das Loch wird in all seinen Dimensionen be-griffen. Das Kind macht Erfahrungen mit Beziehungen, z.B., daß ein Loch/eine Ritze für ein Körperteil/einen Gegenstand zu klein sein kann oder umgekehrt. Daß etwas, was es hineingesteckt hat, wieder herausfallen oder steckenbleiben oder „irgendwohin" verschwinden kann. Daß die Öffnung voll wird oder überfüllt ist und jedes weitere zugesteckte Teil wieder herausfällt. Es ist unschwer zu erkennen, daß Kinder über derlei Experimente sehr viel über ihren eigenen Körper und die Gesetze der Physik in Erfahrung bringen.

Wie Sie Ihr Kind in dieser Phase unterstützen können

Trotz oder gerade wegen der Erkenntnis, daß es sich bei den beschriebenen Verhaltensweisen der Kinder um ganz normale, entwicklungsbedingte „Auffälligkeiten" handelt, bleibt doch anzumerken, daß diese u. U. recht gefährlich sein können. Eltern haben in diesem Fall keine Wahl. Entweder müssen die Spielmaterialien sorgsam ausgewählt und alle Kleinteile aussortiert werden, oder entsprechende Kleinteile und spitze Gegenstände dürfen nur unter Aufsicht benutzt werden. Am günstigsten ist es, alternative Spielmaterialien mit hohem Aufforderungscharakter zum Erkunden von „ungefährlichen Löchern" anzubieten (wie z. B. kleine Behälter, Papprollen, Steckboxen, Mützen und Hüte, Handschuhe usw.)

3.9 Mit dem Löffel klappern – die akustische Erkundung der Welt

Ähnliche Verhaltensweisen:
- mit dem Trinkbecher auf den Tisch klopfen;
- mit dem Deckel des Kochtopfs und anderen Gebrauchsgegenständen auf den Boden schlagen;
- Holzklötze, Bälle usw. die Treppe hinunterkullern lassen;
- mit eigener Stimme Laute von sich geben; in widerhallenden Räumen (z. B. Bad, Flur, Halle) laut schreien;
- die Klospülung mehrmals hintereinander drücken, um das Geräusch zu erzeugen;
- Klötze, Murmeln, Holzperlen, Steine usw. in Dosen, Gläsern, Schachteln u. ä. fallen lassen;
- mit Steinchen und anderen Materialien gefüllte Behälter (Dosen, Schachteln, Becher, Rasseln) schütteln.

Leoni, 2,5 Jahre, hat seit neuestem ihre Stimme als lustererzeugendes Organ entdeckt. Sie kreischt des öfteren, wenn sie sich im

Bad aufhält, plappert Worte in verschiedenen Stimmlagen, unterschiedlichen Melodien und auch Lautstärken. Sie „trillert wahre Arien im Badezimmer", meint ihr großer Bruder.

Als weitere Lieblingsbeschäftigung erkundet sie die Küchenschränke in den ihr zugänglichen unteren Bereichen. Die Mutter hat vorsorglich nur unzerbrechliche Küchenutensilien darin gelagert. Leoni räumt jeden Morgen als erstes die unteren Schränke „gründlich" aus. Mit jedem Topf, jeder Pfanne und dem Salatsieb klopft sie kräftig auf den Boden. Am ausdauerndsten ist sie bei allen größeren Metallgefäßen, die „ordentlich klingen". Auch Kochtopfdeckel haben es ihr angetan. Leoni schlägt die Deckel dabei gegen die Töpfe, auf den Fußboden, gegen die Küchenschränke usw., um zu hören, welche Geräusche damit erzeugt werden können. Das gleiche macht sie mit dem Salatsieb, mit Besteckteilen und auch mit kleinen Plastikdosen.

Leoni ist damit beschäftigt, erste Erfahrungen mit Geräuschen, Klängen und ihrer Stimme zu machen. Die akustischen Eigenschaften der Materialien üben zur Zeit den größten Reiz auf sie aus und werden in allen Variationen erkundet.

Entwicklungsschritte:

1. *Wahrnehmungsentwicklung*	*gerichtete Aufmerksamkeit* auf akustische Reize;	
	akustisches Verweilen, Konzentrieren;	
	Zuordnung von Geräuschen zur Geräuschquelle; Verknüpfung der einzelnen Sinne untereinander.	angstfreie Umwelterfahrung; rasche Orientierungsfähigkeit.
2. Zuwachs an *Umwelter-*	*Neugierde* stillen *Lustbetonte*	Wohlbefinden Motivation

fahrung und *Erfahrungs-sammlung*	*Aktivität*	zur Aktivität
	Verweilen können	Ausdauer und Konzentration
	Effekte erzeugen *Erfahrungen* machen und *speichern.*	Selbstwertgefühl Intelligenzentwicklung
3. Entwicklung der *Fein- und Handmotorik*; und der *Körperkoordination,* speziell der Hand-Hand-Koordination	Ausdifferenzierung von *Greifmustern,* von *gezieltem Greifen,* von *längerem Festhalten,* von *gezieltem Loslassen*	
	Übungen zur adäquaten *Kraftdosierung.*	
	Verbesserung der *Augen-Hand-Koordination* und der *Hand-Hand-Koordination.*	
4. Entwicklung des *Selbstwertgefühls, Zutrauen* in *eigene Leistungsfähigkeit*	Effekte erzeugen	Selbstwertsteigerung („Ich kann etwas bewirken.“)
	Gegenstände in beabsichtigter Weise manipulieren können zur Eigenstimulation und/oder, um Aufmerksamkeit zu erlangen und/oder, um Wünsche non-verbal mitteilen zu können.	soziale Interaktion

Gerichtete Aufmerksamkeit, akustisches Verweilen und Konzentrieren

Die Handlung „klopfen", „schlagen", „schütteln" usw. erzeugt *neue* Reize. Alles, was neu ist, hat angeborenerweise eine Aufmerk- und Zuwendungsreaktion zur Folge. Die biologische Begründung liegt darin, daß möglichen Gefahrenreizen sofort in angemessener Weise begegnet werden kann.

In dem lustbetonten Klopfen, Schlagen usw. bleibt die Aufmerksamkeit auf die neuen Reize gerichtet, bis sie bekannt oder vertraut im Gedächtnisspeicher abgelegt werden können. Wir sprechen hier von einer *gerichteten Aufmerksamkeit* und vom *Verweilen* auf einem bestimmten Sinneseindruck. Das Verweilen-Können bildet den ersten Grundstein für die noch aufzubauende Konzentrationsfähigkeit über längere Zeitspannen.

Die Fähigkeit, sich auf bestimmte Sinneseindrücke konzentrieren zu können, setzt voraus, daß das Gehirn alle für die jeweilige Situation *nicht* bedeutsamen Reize *ausfiltert.* Versagt dieser Filterprozeß, ist das Kind verstärkt ablenkbar und/oder über-reizt – eben nur eingeschränkt konzentrationsfähig.

Die gerichtete Aufmerksamkeit als absolute Vorbedingung einer konzentrierten Aktivität ist ebenfalls eine angeborene Fähigkeit, die vom Gehirn eine Entscheidung über „*wichtig – unwichtig*" oder „*wesentlich – unwesentlich*" voraussetzt. Das Kleinkind entscheidet vorerst nach dem Kriterium „neu – bekannt" und erklärt das Neue für momentan bedeutsam. Denn das Neue muß erst einmal überprüft, verglichen, eingeordnet usw. werden, um die Gefährlichkeit oder Ungefährlichkeit abzuwägen. Erst in späteren Entwicklungsphasen gewinnen andere Entscheidungskriterien an Bedeutung. Z. B. ist die augenblickliche Situation oder die Motivation (Wille, Zielvorstellung) und die emotionale Befindlichkeit entscheidend.

Die Aufmerksamkeit auf das momentan Wesentliche richten zu können, ist eine der Grundfähigkeiten intelligenten Verhaltens. Sie muß von frühesten Kindheitsphasen an bis ins Grundschulalter hinein ständig geübt und weiterentwickelt werden. Selbst im Grundschulalter zeigt sich bei etwa einem Drittel der Schulanfänger, daß gerade in der Fähigkeit zur gerichteten Aufmerksamkeit zum richtigen Zeitpunkt noch viel Übung und (Entwicklungs-) Zeit vonnöten sind.

Beispielsweise bekommen viele der Schulanfänger im Unterricht nicht mit, daß der Lehrer *jetzt gerade* eine wichtige Information gibt, wie dies z.B. die Hausaufgabenstellung bedeutet. Mit reinstem Gewissen behaupten die Kinder zuhause, daß sie „wirklich keine Hausaufgaben" bekommen hätten. Diese Kinder schaffen es noch nicht zuverlässig, rasch und flexibel ihre Aufmerksamkeit, die von anderen Ereignissen gefesselt ist, auf die Worte des Lehrers umzulenken.

Würden Eltern das Kind für eine derartige Unaufmerksamkeit ausschimpfen und Strafe androhen, wenn es „nicht besser aufpaßt", könnte dies leicht eine Überforderung bedeuten: dann nämlich, wenn das Kind zwar willens ist, aber die Wahrnehmungsfunktion der gerichteten Aufmerksamkeit und/oder des raschen Umschaltens von einem Reiz auf einen anderen noch nicht hinreichend entwickelt ist. Die Erfahrung lehrt, daß einige der Kinder bis ins zweite und dritte Schuljahr hinein Zeit benötigen, bis die dafür zuständigen Hirnzentren soweit ausgereift sind.

Zuordnung von Geräuschen zur Geräuschquelle; Identifizieren von Geräuschquellen

Indem das Kind die Gegenstände/Materialien selbst handhabt, weiß es genau, daß die hervorgerufenen Geräusche von diesem *einen* Gegenstand, der aus diesem bestimmten Material besteht, diese Form und Größe hat und in dieser bestimmten Weise manipuliert wird, hervorgerufen werden. So lernt es gleichzeitig, welche Geräusche von welcher Geräuschquelle (= Gegenstand, Material) herrühren und durch welche Aktivität dieses ganz bestimmte Geräusch erzeugt wird. Z.B. klingt ein Schlüsselbund jeweils in ganz charakteristischer Weise, wenn er zu Boden fällt oder wenn er in die Hand genommen und kurz geschüttelt wird. Fließendes Wasser, das in die Badewanne einläuft oder in ein Spülbecken aus Edelstahl fließt oder das ein Trinkglas füllt, klingt jeweils in ganz typischer Weise. Oder der Löffel, der zum Auslöffeln von Suppe im Porzellanteller benutzt wird, klingt anders als der Löffel, mit dem in einer Porzellantasse gerührt wird, und wiederum anders als der Löffel, der auf den Boden fällt. Wir lernen nicht nur, *wie* ein Gegenstand/Material klingt, sondern auch, welcher Gegenstand in *Kombination* mit welchem anderen Gegenstand/Material, in welcher *Bewegung*, mit welcher *Größe* usw. klingt.

Derlei Lernprozesse ermöglichen eine rasche und angstfreie Zuordnung von Geräuschen zur Geräuschquelle. Sie gewähren auch eine angstfreie Umweltorientierung.

Susanne (3 Jahre) sitzt am Küchentisch und spielt mit ihrem fünfjährigen Bruder Stefan ein Würfelspiel. Die Mutter bereitet im Badezimmer schon das abendliche Bad vor. Sie läßt Wasser in die Badewanne einlaufen. Susanne horcht auf und läuft schnell ins Badezimmer. Sie ruft freudig: „Sanne will baden."

Susanne hat das Geräusch eindeutig identifiziert und die damit verknüpfte Bedeutung „baden" erkannt.

Der fünfjährige Stefan horcht ebenfalls auf, als er das Wassergeräusch hört. Er schaut sich zunächst längere Zeit um, ruft dann verunsichert „Mama?" läuft erst ins Schlafzimmer der Eltern, dann ins Kinderzimmer und schließlich ins Badezimmer. Dort sieht er das Wasser aus dem Wasserhahn der Badewanne strömen. Jetzt erst, wo er direkt die sinnliche (= visuelle) Wahrnehmung hat, kann er das Geräusch der Quelle (= Wasserhahn) zuordnen. Für einen fünfjährigen Jungen müßte diese Zuordnungsleistung allein aufgrund des Geräuschs möglich sein.

Es ist zu vermuten, daß die intermodale Stufe der Wahrnehmungsentwicklung nicht altersgerecht entwickelt ist. Stefan kann daher nicht sofort die logische Schlußfolgerung ziehen, daß das Badezimmer der Ort der Geräuschquelle sein müßte; er muß erst suchen. Da Stefan normalerweise Geräusche ganz gut orten kann, ist anzunehmen, daß er durch das „nicht-identifizierbare" Geräusch so stark emotional verunsichert und geängstigt war, daß er gar nicht mehr darauf konzentriert war, woher es kam, sondern nur noch mit der Entschlüsselung beschäftigt war. Sein wichtigstes Ziel war Identifizieren und Angst reduzieren.

Susanne spielt im Kinderzimmer schon seit einer halben Stunde mit der Kugelbahn. Ihre Mutter befindet sich in der Küche und bereitet das Mittagessen zu. Nun deckt die Mutter den Tisch. Susanne hört das typische Geräusch der Teller und der Bestecke, wenn diese aus dem Küchenschrank geholt und auf den Tisch gebracht werden. Sie horcht auf und *weiß* sofort, was dies zu bedeuten hat: „Der Tisch wird gedeckt, es gibt gleich etwas zu essen."

Susanne kann sich innerlich auf das bevorstehende Rufen der Mutter einstellen. Sie bereitet sich auf die kommende Spielunterbrechung vor, ist auf das Rufen „gefaßt" und wird voraussichtlich kein „Theater" machen. Oder aber sie beendet ihr Spiel von selbst und eilt hungrig zu Tisch.

Verknüpfung der Sinnesmodalitäten untereinander; Erfassung von Situationen und Bedeutungen (Sinnzusammenhängen)

Durch die *gleichzeitige* Wahrnehmung:
- von akustischen Reizen (wie hört sich etwas an?),
- mit optischen Reizen (wie sieht etwas aus, wie bewegt es sich?),
- mit taktilen Reizen (wie fühlt sich etwas an? welche Form/ Größe/ Oberflächenbeschaffenheit/Temperatur hat es?),
- mit taktil-kinästhetischen Reizen (wie schwer ist etwas; wie läßt es sich handhaben?)

verbinden sich die Eindrücke aller Sinne miteinander.

Durch diese viel-sinnige Verknüpfung und Erfassung eines Gegenstandes mit allen Sinnen kommt es zum *geistigen Erfassen* und zu einer *kompletten Vorstellung* des Gegenstandes und dessen *Sinn und Zweck.* Nach mehreren konkreten Erfahrungen mit dem Gegenstand sind alle einzelnen Sinneseindrücke fest gespeichert. Es genügt zukünftig, etwas nur zu hören (oder zu sehen, oder zu riechen, oder zu spüren), und man weiß sofort, um was es sich handelt. Beispielsweise kann man einem bestimmten rhythmisch schlagenden Geräusch sofort entnehmen, daß es durch einen Hammer erzeugt wird, der auf einen Nagel schlägt. Die *gehörte Teilinformation* wird geistig zu einem *Ganzen* zusammengefügt, und es entsteht rasch ein Gesamtbild von Gegenständen oder der Situation oder Tätigkeit.

Diese Entwicklung der Wahrnehmungsprozesse geschieht, wie in Kap. 2. 4 beschrieben, durch jede Art von Eigenaktivität oder auch durch das aufmerksame Beobachten von Ereignissen. Das Schlagen oder Klopfen mit Gegenständen ist eine der vielen Erkundungsmöglichkeiten und trägt einen wesentlichen Anteil zur Gesamtentwicklung des Kindes bei. Das Identifizieren von Geräuschquellen und der damit verbundenen Bedeutungen stellt einen immensen Fortschritt in der Umwelterfassung, Umweltorientierung und letztendlich der emotionalen und geistigen Entwicklung dar.

Umwelterfahrung und Erfahrungssammlung

Nachdem die Kleinkinder ausgiebig *eigene* Körperteile (Hände, Finger, Füße) mit Gegenständen/Materialien kombiniert haben durch Klatschen, Kratzen, Greifen Knüllen, Fallen-Lassen, Werfen usw., beginnt die nächste Erkundungsmöglichkeit: Sie sind nun sowohl *motorisch* in der Lage als auch *geistig* daran interessiert, Gegenstände miteinander in Kontakt zu bringen und zu „schauen", was geschieht. Sie nutzen die Gegenstände, um Geräusche zu erzeugen. Unter anderem eben durch Klopfen und Schlagen.

Wohlgemerkt: Die Funktion, die wir Erwachsene einem Gegenstand zugedacht haben, spielt nur eine untergeordnete Rolle. Alles ist zum Schlagen, Klopfen, Klappern, Werfen, um Geräusche zu erzeugen da. Für Eltern kann dies eine recht nervenzerrende Zeitspanne in der Entwicklung des Kindes sein.

Wie im vorangegangenen Abschnitt zur Wahrnehmungsentwicklung erläutert, macht das Kind über das Klopfen eine Menge sinnlicher Erfahrungen über mehrere Sinneskanäle zugleich. Es macht im ursprünglichsten Sinne des Wortes „seine Erfahrungen", die als Gedächtnismaterial gespeichert sind. Mit zunehmendem Erfahrungsschatz über Geräusche/Klänge, die bestimmten Materialien eigen sind, kann das Kind jedes neue Geräusch mit den bereits gespeicherten akustischen Signalen vergleichen. Es kann das neue Geräusch als „identisch" oder als „andersartig" oder als „ähnlich-klingend" einordnen und zuordnen und seine Erfahrungen mit der dinglichen Umwelt erweitern.

Selbstwertgefühl und Zutrauen in eigene Leistungsfähigkeit; Steigerung von Neugierde und Lebensfreude

Werden Gegenstände auf Gegenstände oder feste Materialien geklopft, kommt der *akustische Effekt* zur Steigerung der ohnehin schon lustvollen Umwelterkundung hinzu. Das Geräusche-erzeugen durch *eigene* Manipulation von Gegenständen ist in mehrfacher Hinsicht lustbetont: Das Kind erfährt, daß es *selbst* neue Sinnesreize (hier akustische) erzeugen kann. Es ist geradezu entzückt von der Vielfalt und Neuheit der Klänge und Geräusche. Mit wahrer Begeisterung klopft und beklopft es unermüdlich wiederholend Gegenstände. Es zeigt dabei freudvoll lächelnd und lautierend seinen Stolz. Auf diese Weise wird nicht nur sein *Selbst*wertgefühl (dadurch, daß es *selbst* etwas bewirken kann), sondern auch sein *Antrieb* (Motivation) zum Aktivsein und Ausprobieren verstärkt.

Wir sehen ein Kleinkind, das voller Lebensfreude alles mit allen Sinnen erkundet und einen aufgeweckten (d. h. sinnes-aktiven) Eindruck macht.

3.10 Verstecken und finden, verschwinden und wieder auftauchen lassen – „Kuckuck-Da“ – oder „Fort-Da“-Spiele

Ähnliche Verhaltensweisen:
(über verschiedene Altersspannen hinweg)

„Kuckuck-Da“-Spiel: Eine Bezugsperson verdeckt sich Gesicht oder Kopf mit Tuch und entfernt es wieder. Oder: Eine Bezugsperson verschwindet hinter etwas und taucht kurz darauf wieder auf.

- Verdecken – entdecken: Das Kind wird teilweise oder ganz mit einem Tuch/einer Decke zugedeckt, dann wird das Tuch/die Decke wieder weggezogen.
- Gegenstände im Sand eingraben und/oder in Papier und Tücher einwickeln
- Sich verstecken – gefunden werden: Das Kind versteckt sich (meist in der Wohnung) und will gesucht und entdeckt werden.
- Finger-Spiele, bei denen ein Finger verschwunden scheint, dann aber wieder auftaucht.
- Kim-Spiele: Mehrere Gegenstände werden verdeckt. „Heimlich“ wird ein Gegenstand entfernt. Nachdem die Gegenstände wieder aufgedeckt wurden, soll das Kind erraten, welcher Gegenstand jetzt fehlt.
- alles auspacken; mit Vorliebe Geschenke auspacken
- alles verpacken und wieder auspacken
- Memory-Spiele
- „Blinde-Kuh“-Spiele
- Versteck- und Fangspiele: Im Kindergarten- und Vorschulalter besonders beliebt.
- Freude an Zaubereien: Zunächst passiv erfahren über Erzählungen von Zauberern und Hexen mit Zauberkraft in Märchen. Später aktiv über die ersten eigenen Zauberstücke; dann wieder passiv über die Faszination der großen Zaubereien im Zirkus und auf der Bühne.

Rebecca, 1;5 Jahre, wird im Buggy von ihrer achtjährigen Schwester Johanna spazieren gefahren. Johanna möchte eine kleine Rast machen, setzt sich auf einen großen Stein am Straßenrand und beginnt mit Rebecca zu spielen. Johanna taucht hinter dem Rücken Rebeccas „unter" den Buggy und verschwindet. Sie ruft: „Rebecca, wo bin ich? Kuckuck?!?" Rebecca schaut sich mit suchendem Blick um, jauchzt vor Freude, wartet gespannt. Mit einem Mal taucht Johanna mit lautem „Da!" wieder auf. Beide freuen sich über den gelungenen Effekt. Die beiden Schwestern wiederholen das Spielchen mehrmals, bis es Johanna langweilig wird. Rebecca hingegen hätte gerne noch weiter gespielt.

Entwicklungsschritte:

1. *Intelligenzentwicklung*	Die seriale Wahrnehmungsentwicklung ist so weit fortgeschritten, daß etwas, was aus den Sinnen verschwunden ist, trotzdem existent bleibt. Das Kind macht erste Erfahrungen mit „Wenn-Dann"-Beziehungen oder mit Abfolgen von Ereignissen. Es kann ein Ereignis *vorausdenkend erwarten.*
2. *Emotionale und soziale* Entwicklung	Die *soziale Interaktion* geschieht lustvoll (Wohlbefinden im Kontakt). Es ist ein abwechselndes Spiel, das ein *„Abwarten-können"* und erstes Regelverhalten erfordert. Kurzfristige Trennungen von der Bezugsperson sind ohne starke Trennungsängste möglich.

3. *Sprachentwicklung*	Ereignisse werden in ihrer zeitlichen Abfolge sprachlich wiedergegeben. (Formulierung von gedanklichen Inhalten und der Satzbau werden angebahnt.
4. *Spielentwicklung*	Soziales Interaktionsspiel mit Rollenverteilung und Spielregeln; Entwicklung von *ausdauerndem* Spielverhalten.

Soziale und emotionale Entwicklung
(Vgl. auch Kap. 2.8)

„Fort-Da"-Spiele gehören zu den ersten Interaktionsspielen* (Spiele zwischen zwei Sozialpartnern im gegenseitigen Wechselspiel) und sind ab ca. eineinhalb Jahren in den meisten Kulturen zu beobachten.

Mit unermüdlichem Eifer versuchen Kleinkinder dieses Alters, ihre Bezugspersonen zum „Kuckuck-Da"-Spiel zu animieren oder zumindest bei der Stange zu halten. Sie beobachten äußerst aufmerksam das Verschwinden des Partners, der z.B. hinter einer hohen Sessellehne abtaucht. Dann warten sie wieder gespannt auf das Wieder-Sehen und zeigen bei Eintreten des erwarteten Ereignisses größte Freude. Dabei scheint weniger das Verschwinden als vielmehr das Wiederauftauchen den größten Lusteffekt zu erzeugen. In dieser regelgeleiten Interaktion (erst du, dann ich, dann wieder du usw.) macht das Kind Erfahrungen mit ersten Spielabfolgen oder Regeln. Das Spiel funktioniert zudem nur, wenn man abwarten, also die Spannung aushalten kann.

Freud beschrieb 1920 als einer der ersten Wissenschaftler dieses Spielverhalten. Er deutete es als Ausdruck von realen und schmerzvollen Trennungserfahrungen eines jeden Kindes von seinen Bezugspersonen. Das (kurzfristige) Gehen-Lassen von Bezugspersonen ohne starke Trauerreaktion (etwa ab eineinhalb Jahren zu erwarten) spiegelt sich sozusagen in den endlosen Wiederholungen der Trennungserfahrungen in spielerischen Szenen wider.

Nach S. Freud liegt gerade im Wiederauftauchen im Spiel die Erlösung; oder anders ausgedrückt: die *„illusorische Rücknahme"* der Trennung. Auf diese Weise werden die leidvollen Trennungserfahrungen des Kindes in spielerischen Aktionen wiederholt und über den glücklichen Ausgang (= Wiederauftauchen) bearbeitet und bewältigt.

Spielentwicklung

Die erste Form des „Fort-Da"-Spiels geschieht im *sozialen* Miteinander. Alle „Fort-Da"-Varianten, die auch in nachfolgenden Entwicklungsphasen mit einem Sozialpartner gespielt werden, erfordern Regeln (Rollenverteilung, Spielregeln), die es auszuhandeln und festzulegen gilt.

Die Kinder lernen, sich aufeinander zu beziehen, die Regeln einzuhalten und abzuwarten. Sie lernen, die Spannung in der Erwartungshaltung auszuhalten oder gar zu steigern und eignen sich dabei die nötige Ausdauer an, bei einem Spiel zu bleiben. Selbstverständlich wirkt jede lustvolle Betätigung und gegenseitige Bestärkung als Bestätigung seiner selbst. Das Selbstwertgefühl bezieht seine Grundlage aus den erfahrenen Wertschätzungen und Anerkennungen der Sozialpartner in den gemeinsamen Aktivitäten.

Wie nebenbei wird im sozialen Miteinander die nonverbale und verbale Kommunikation geübt, die ja nichts anderes als der Ausdruck von realen Sinneserfahrungen und den davon ausgelösten Empfindungen, Gefühlen und Gedanken ist.

Intelligenz- und Sprachentwicklung

Wie erwähnt, gründet der Fortschritt in der geistigen Entwicklung u.a. wesentlich auf der serialen Wahrnehmungsstufe, in der hauptsächlich die Aneinanderreihung von Reizen/Ereignissen in ihrer chronologischen Abfolge erfaßt wird. Erst dadurch ist der Denkprozeß „Wenn Ereignis A eintritt, dann folgt Ereignis B" möglich. *Vorausdenken oder sinnvolle Erwartungshaltungen* als geistiger Lernprozeß sind angebahnt.

Mit etwa eineinhalb Jahren ist die Serialstufe der Wahrnehmungsentwicklung so weit fortgeschritten, daß das Kind weiß, daß etwas, was eben noch „da" war, nun aber *verschwunden* ist, immer noch existiert. Der Satz „aus den Augen, aus dem Sinn" hat seine Gültigkeit verloren. Allerdings ist die Zeitspanne, über die sich ein Kind etwas im *geistigen Bild* halten kann, abhängig von der Wahrnehmungs- und Intelligenzentwicklung. Je jünger ein Kind ist, desto kürzer ist die Spanne, in der es ein Objekt/eine Person vor seinem inneren Auge *geistig* präsent halten kann (sog. Objektrepräsentanz).

Während ein acht Monate altes Baby die Bezugsperson nur für wenige Minuten „aus den Augen" verlieren kann, gelingt dies einem eineinhalbjährigen Kind schon länger. Der 19 Monate alte Marco in den folgenden Beispielen schafft es schon für viele Stunden, den geliebten Vater „verschwinden" zu lassen und doch als existent zu bewahren. Allerdings benötigt er tagsüber von seiner Mutter immer wieder Bestätigungen darüber, daß dem auch so ist. Sollte die Mutter einmal ermüdet den unaufhörlichen immer gleichlautenden Fragen und Mitteilungen ausweichen und nicht mehr antworten, reagiert Marco stark verunsichert und weinerlich. Oder er verschafft sich erneut die Aufmerksamkeit der Mutter auf seine *wichtige* Angelegenheit, indem er das gleiche lauter wiederholt, die Mutter am Rockzipfel packt, auf ihren Schoß klettert usw. Er gibt erst dann „Ruhe", wenn sie ihn abermals bestätigt hat.

In dieser Entwicklungsphase läßt sich beobachten, daß die Erkenntnis, daß etwas Verschwundenes auch wieder auftaucht, neben dem typischen *Spielverhalten* auch auf *sprachlicher* Ebene Ausdruck findet. Hierzu das Beispiel von Marco:

Marco, 1;7 Jahre, ist ein Junge, der seine Beobachtungen der Welt und Erkenntnis über deren Abläufe gerne mitteilt. Er befindet sich voll in der aktiven Sprachentwicklung. Zur Zeit spielen sich Tag für Tag die gleichen Szenen ab:

Marco sagt zur Mutter gerichtet: „Papa – Sparkasse – fort! ... Papa arbeiten." – „Papa – abend – wieder heim... – kommt heim."

Die Mutter erwidert jedesmal geduldig: „Ja, Marco, der Papa kommt heute abend wieder."

Marco teilt seiner Mutter in chronologisch richtiger Reihenfolge (= seriale Wahrnehmungsleistung) mit, daß er die Abfolge und Gesetzmäßigkeit des Ereignisses begriffen hat. Die Mutter muß ihm jedesmal mehrfach seine neue Erkenntis, aber auch seine positive Erwartungshaltung bestätigen.

Marco erwartet abends, sobald die Mutter den Abendbrottisch zu decken beginnt, seinen Vater mit größter Spannung. (Ausdruck von emotionaler Bindung und geistiger Erwartungshaltung) Immer wieder läuft er zum Fenster, um zu sehen, ob der Vater mit dem Auto anfährt; oder er springt zur Haustür und legt sein Ohr an die Tür, um zu horchen, ob das Motorengeräusch oder die Schritte des Vaters schon zu hören sind. Währenddessen äußert er immer wieder die gleichen oder ähnlichen Sätze wie oben dargestellt. Unerbittlich fordert er von der Mutter die bestätigenden Wiederholungen seiner Aussagen.

Als Marco endlich Papas Auto in die Garage fahren hört, gerät er in höchste Erregung. Laut „Papa! Papa!" rufend, eilt er hinter eine große Topfblume im Wohnzimmer und „versteckt" sich. Dem allabendlichen Ritual gemäß erwartet er natürlich, daß er vom Vater gesucht wird.

Der Vater beginnt selbstverständlich sofort die Suche nach seinem Sohn. Er gestaltet die Suchaktion besonders luststeigernd, indem er so tut, als sei das Ent-decken des Sohnes heute besonders schwer, und so die Spannung hinauszögert: Er sagt laut und etwas theatralisch: „Ja, wo ist denn Marco heute? Ich kann ihn heute nicht finden. Also, unter dem Tisch ist er nicht! Und hinter dem Vorhang auch nicht. Ja, wo könnte er nur sein? Im Kleiderschrank vielleicht oder hinter dem Sessel? Irgendwo muß er doch sein…!" Je näher der Vater dem Versteck kommt, desto mehr wächst die Spannung Marcos. Schließlich kann er sie nicht mehr aushalten und platzt mit fröhlichem Lachen aus seinem Versteck. Er springt dem Vater direkt in die Arme. Welch ein Vergnügen für beide!

In diesem kleinen Interaktionsspiel wird deutlich, wie die geistige, emotionale, soziale und sprachliche Entwicklung sich ineinandergreifend entwickeln und in einem typischen Spiel der Kinder ihre Übung findet.

Manchmal läßt sich auch beobachten, daß die Kleinkinder jeden Vorgang, der das Prinzip „Verschwinden – Wiederauftauchen" enthält, unabhängig von der Situation mit einem einzigen Begriff umfassen, z. B. mit „suchen" oder „da-da".

Marco ist bei seiner Oma zu Besuch und spielt im Wohnzimmer mit einem Tennisball. Der Tennisball rollt unter den Schrank. Marco verfolgt ihn mit seinen Blicken, bis er aus dem Blickfeld verschwunden ist. Er geht nun zum Schrank, bückt sich und erblickt tatsächlich den Tennisball, den er da erwartet hat. Marco legt sich auf den Boden, versucht ihn mit seinen Händen zu erreichen. Aber es will ihm nicht gelingen. Jetzt ruft er laut: „Oma, Oma, suchen!" „Oma – Ball fort! Oma, suchen!!" Er eilt zur Oma, reicht ihr ihren Spazierstock, den sie immer bei sich hat, und sagt nochmals in aufgeregtem Tonfall: „Oma, suchen!" Marco hat seine Oma unmißverständlich aufgefordert, den Tennisball hervorzuholen. Dabei wird eine weitere kognitive (geistige) Leistung ersichtlich. Er hat realisiert, daß der Tennisball zu weit hinten liegt, also mit Armeslänge nicht erreichbar ist. Zur Erreichung seines Zieles benutzt er ein Hilfsmittel oder Werkzeug, nämlich den Stock.

Wie Sie Ihr Kind in dieser Phase unterstützen können:

In dieser Entwicklungsphase ist die Stabilität oder Zuverlässigkeit der Bezugspersonen wie auch der täglichen Abläufe und Ereignisse besonders bedeutsam. Das Kind muß sich auf Personen oder Ereignisse, die es erwartet, verlassen können.

Bei der Entdeckung des Prinzips „Verschwinden – Wiederauftauchen" benötigt das Kind noch viele Bestätigungen, bis es dieses fest verinnerlicht hat.

Gereizt nervöse Zurückweisungen (keine Antwort geben) oder häufige Verweigerungen des Suchens/Wiederentdekkens/Hervorholens usw. könnten unter Umständen zu einer Verunsicherung mit mehr oder weniger massiven Ängsten führen, insbesondere zu langanhaltenden Trennungs- und Verlassenheitsängsten. Die Stärke der Reaktion ist z. B. abhängig von der angeborenen psychischen Vitalität des Kindes und seinen bisherigen Bindungserfahrungen.

Völlig normal hingegen ist die im Alter von ca. drei Jahren sehr häufig geäußerte Angst der Kinder, in fremden Situationen (Einkauf, in einer Menschenmenge usw.) „verloren" zu gehen. Sie fürchten in unüberschaubaren oder fremden Situationen, sich zu verirren, die Bezusperson zu verlieren oder selbst verloren zu gehen. Dabei haben sie die Vorstellung, nicht mehr „wieder-entdeckt", d. h. gefunden zu werden. Ausgeprägte Ängste sind die ganz natürliche Folge. In derartigen Situationen empfiehlt es sich, dem Kind die nötige Sicherheit zu bieten: z. B. durch die Versicherung, es fest an der Hand zu halten oder durch Hinweise, wo es warten soll oder an wen es sich wenden kann, falls es sich tatsächlich verirrt haben sollte.

„Fort-Da"-Spiele sollten so oft wie möglich mit dem Kind durchgeführt werden. Dabei sind kleine Variationen im

Spielablauf oder neue, dem Alter gemäße Spielinhalte lusterhaltend und luststeigernd.

Bei den Spielen ist darauf zu achten, daß nicht abgebrochen wird, während das Kind noch versteckt ist. Es könnte so die „illusorische Rücknahme" der erlebten Trennungserfahrungen nicht vollziehen. Unter Umständen könnte damit die Phase der Trennungsängste verlängert werden.

Nach notwendigen Trennungen (z. B. beim Kindergartenbesuch) sollte sich das Kind absolut auf die Zuverlässigkeit der abholenden Person verlassen können. Verspätungen oder Abholen-Lassen durch andere Personen ohne vorherige Vorbereitungen sollten wirklich nur im „Notfall" geschehen. Fatal kann sich ein „Vergessen" auswirken, ebenso Verirrungen des Kindes im Einkaufsgewühle (s. o.). Vermeiden sollte man auch, sich bei notwendigen Trennungen heimlich zu entfernen in der Absicht, Weinen und Schreien zu vermeiden.

Vertraute Spielmaterialien und geliebte Kleidungsstücke sollten nicht einfach auf „Nimmer-Wiedersehen" verschwinden. Entweder ist bei Entrümpelungsvorhaben eine gründliche Vorbereitung des Kindes notwendig, wobei es dem Kind oft hilfreich ist zu wissen, zu wem diese Kleider gelangen. Oder man spricht dem Kind das Recht auf Einspruch und Selbstbehauptung zu, bis es in seiner geistigen und seelischen Entwicklung weiter gereift ist und sich später leichter davon trennen kann.

3.11 „Ich kann das alleine!" – der Drang nach Eigenständigkeit.

Carola, 1 Jahr, ist feinmotorisch schon so geschickt, daß sie üblicherweise selbst ihre Mahlzeiten löffelt. Heute gibt es Nudelsuppe, die sie besonders liebt. Nur – Nudelsuppe ist kein Kartoffelbrei; die Nudeln sind so schwer auf den Löffel zu bekommen! Carola bemüht sich redlich, manchmal sind ein paar Nudeln dabei, manchmal aber auch nicht. Carola äußert keinen Unmut. Trotzdem greift die Mutter nun ein, da sie nicht möchte, daß die Suppe kalt wird. Etwas vorschnell nimmt sie ihrer Tochter den Löffel aus der Hand und möchte sie füttern.

Der sogleich erfolgte Protest Carolas ist lautstark! Zudem packt Carola schnell die Hand der Mutter, die den Löffel umfaßt hält. Die Mutter versteht dieses unmißverständliche Signal ihrer Tochter. „Na, du möchtest doch selbst den Löffel halten. Also, probier es noch einmal." Erwartungsgemäß klappt es jetzt auch nicht besser als vorher; aber das Kind ist wieder zufrieden.

Nun versucht die Mutter sich mit einer anderen Hilfestellung „einzuschleichen", indem sie lediglich das Aufnehmen der Suppe mit einer leichten Handführung unterstützt, dann sofort wieder ihre Hand wegnimmt. Die kleine und sehr kurze Hilfestellung (leichte Handführung im kritischen Moment) wird von Carola einige Male hintereinander toleriert. Sie lächelt die Mutter an, als ob sie den „Trick" durchschaut hätte und wohlwollend zuließe. Dann möchte sie es wieder alleine versuchen.

Am besten, die Mutter akzeptiert die Selbständigkeitswünsche ihrer Tochter, hilft zwischendurch mit der leichten Handführung und besorgt einen Warmhalteteller.

Janina, 3;7 Jahre, besucht regelmäßig mit großer Freude den Kindergarten und ist frühmorgens eine der ersten. Die Mutter ist vormittags berufstätig und froh darüber, daß Janina gerne in den Kindergarten geht.

Die Erzieherin achtet momentan besonders darauf, daß die Kinder sich ihre Jacken vor dem täglichen Spaziergang selbst anziehen. Janina schafft das recht geschickt. Stolz ruft sie „Fertig!" und eilt den anderen voran zur Eingangstür.

Zuhause möchte Janina neuerdings selbst die Schuhe binden. Diese feinmotorische Tätigkeit ist sowohl was die Fingerfertigkeit als auch die Vorstellung der verschiedenen Bewegungsabläufe (Bewegungsgedächtnis) angeht, altersentsprechend noch nicht hinreichend entwickelt. Janinas Vorhaben muß also mißlingen.

An diesem Morgen versucht es Janina ganz beharrlich. Die Mutter hat vorsorglich darauf geachtet, daß noch genügend Zeit zur Verfügung steht. Janina bemüht sich ausdauernd, verliert immer wieder einen Schnürsenkel, muß sich von neuem orientieren, wie die beiden Schnürsenkel zueinander in Verbindung gebracht werden sollen. Einem möglichen Mißerfolg vorbeugend, greift die Mutter jetzt ein und faßt die Schnürsenkel fest in ihre Hand. Sie möchte Janina noch einmal zeigen, wie das geht. Aber Janina äußert entschieden: „Nein, *ich* kann das!" Die Mutter gibt ihrem Ausdruck nach und erfährt zu ihrem Erstaunen, daß Janina tatsächlich einen Knoten zustande bringt. Sie lobt sie, weist allerdings gleich auf den noch „viel zu lockeren Knoten" hin, der noch fester gezogen werden müßte. Janina ist aber bereits dabei, die Schlaufe zu binden und reagiert nicht auf die Hinweise der Mutter. Mit vielen Worten, warum der Knoten fest gebunden sein muß, ergreift die Mutter wieder die Schnürsenkel und zieht den Knoten fest. Das empörte „Nein!" der Tochter signalisiert ihr soviel wie: „Laß das, korrigier mich nicht. Ich kann das alleine!" Die Mutter überläßt es wieder Janina alleine, doch die Zeit verrinnt: „So, Janina, jetzt müssen wir aber wirklich losgehen. Ich komme sonst zu spät zur Arbeit. Laß *mich* doch schnell die Schuhe binden."

Janina denkt nicht daran, dies der Mutter zu überlassen. Wieder behauptet sie sich. Da die Mutter nun nicht mehr warten kann, müssen die beiden losgehen. Janina besteht darauf, daß die Schuhe nicht von der Mutter gebunden werden. Lieber geht sie mit geöffneten Schnürsenkeln in den Kindergarten. Die Mutter versucht sie zu überzeugen: „Schau, das kannst du doch noch nicht alleine. Das ist viel zu schwer für kleine Kinder. Wenn die Schuhe nicht gebunden sind, fällst du noch hin und kannst dich verletzen." Janina bleibt beim „Nein!" Also machen sie sich unerledigter Dinge auf den Weg.

Petra, 4;5 Jahre, bereitet zusammen mit der Mutter Pizza zum Abendessen vor. Die Teigplatten sind ausgerollt und die Zutaten vorbereitet: Tomatensauce, Champignons, geraspelter Käse, Salamischeiben, einige Scheiben gekochter Schinken, Zwiebelscheiben, feingeschnittene Kräuter und Gewürze. Als die Mutter beginnen möchte, die Teigplatten zu belegen, äußert Petra den Wunsch, nun eine Pizza für sich alleine zu backen. Sie möchte sie nach *eigenen* Vorstellungen belegen. Die Mutter ist etwas skeptisch, ob Petra denn schon alle Arbeitsgänge in der richtigen Reihenfolge ausführen kann und beginnt ihr zu erklären. Aber Petra meint nur: „Ich weiß schon." Zielstrebig und wohlbedacht belegt sie die Pizza. Das Ergebnis ist eine beachtliche, in vier Segmente aufgeteilte „Pizza Vier-Jahreszeiten", wie Petra meint.

Entwicklungsschritte:

1. *Emotionale Entwicklung*	*Ausdauer* und Erhöhung der *Frustrationstoleranz* (das Kind strengt sich weiterhin an, trotz der Mißerfolge).
2. *Persönlichkeitsentwicklung*	*Eigenständigkeit*, die hin zu mehr *Unabhängigkeit* von Bezugspersonen und schließlich auch zu *Eigenverantwortung* führen soll. Erhöhung des *Selbstwertgefühls.*

Der nachdrücklich geäußerte Wunsch der Kinder nach mehr *Eigenständigkeit* erwächst aus dem natürlichen Bedürfnis, die Welt eigen-aktiv und handelnd zu erobern. Das Erkunden und Erobern der Umwelt ist gleichermaßen auch immer ein Zuwachs an Selbstwertgefühl, an Handlungskompetenz (die Fähigkeit, etwas zu bewirken), an Unabhängigkeit, Eigenständigkeit und Intelligenz.

Die Selbständigkeit wird zunächst in lebenspraktischen Dingen erlangt. Sie beginnt damit, daß das Kind anfängt, mit sich selbst und seinem eigenen Körper ein Stück mehr Eigenständigkeit zu erreichen, indem es beispielsweise mit den Händen „selbst" essen möchte, den Löffel „alleine" halten möchte, die Türen „selbst" öffnen und sich „selbst" ausziehen oder auch anziehen möchte. Mit zunehmendem Alter kommen immer mehr Teilbereiche des alltäglichen Lebens in die Eigen-Bewältigung, bis der Mensch schließlich im Erwachsenenalter über die sog. Selbstkompetenz* (die Fähigkeit, sich selbst zu versorgen, helfen, Verantwortung übernehmen zu können u. m.) verfügt. (Siehe Abbildung 4: Entwicklung von der Selbständigkeit zur Eigenverantwortung und Selbstkompetenz.)

Der Wunsch des Kindes, alleine etwas ausführen zu wollen, setzt den Anfang einer langen und vielschichtigen Persönlichkeitsentwicklung vom Baby über das Kleinkind und Schulkind bis hin zum erwachsenen, emotional reifen Menschen. Vom Erwachsenen erwarten wir beispielsweise, daß er sein Leben selbst gestaltet, (z.B. eine Wohnung anmietet, arbeitet und seinen Lebensunterhalt verdient, Verträge abschließt, einen eigenen Standpunkt einnimmt), daß er beim Auftauchen von Problemen selbsttätig (also eigen-initiativ) sich damit auseinandersetzt und nach Lösungen sucht. Er sollte niemanden mehr benötigen, der ihn drängt, dies oder jenes doch endlich zu tun. Ohne Eigenständigkeit besteht die Gefahr, in allzugroße Abhängigkeit von anderen Menschen zu geraten bzw. in alten Abhängigkeiten zu verharren.

Abbildung 4: Entwicklung von der Selbständigkeit zur Eigenverantwortung und Selbstkompetenz

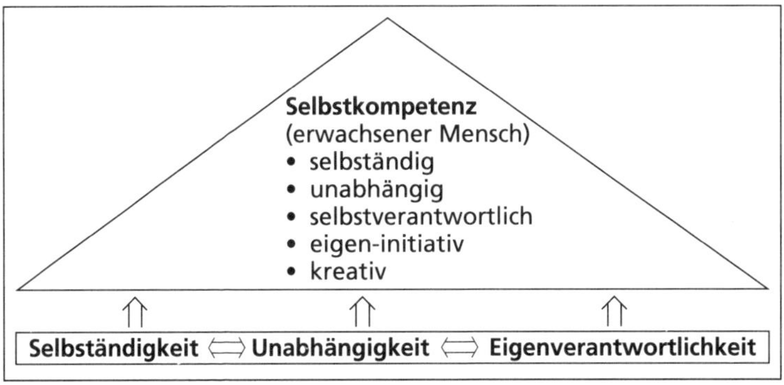

Die Entwicklung der Selbständigkeit, um die es in diesem Abschnitt geht, zeigt in Abhängigkeit vom Alter verschiedene Ausdrucksformen. Oder anders ausgedrückt: Je nach Alter des Kindes erwarten wir verschiedene Handlungen/Aktivitäten, die das Kind selbst erfüllen soll. (Siehe Abbildung 5.) Jede eigenständig ausgeführte Tätigkeit bekräftigt automatisch das Selbstwertgefühl, da das Kind erfährt, daß es selbst etwas *bewirken* kann. Im aktiven Handeln macht es Erfahrungen, wie gut seine Fähigkeiten sind und wie es diese verbessern kann. Die *Selbstwirksamkeit** bestätigt das Kind darin, daß es auf die dingliche wie soziale Umwelt Einfluß nehmen *kann* und führt letztendlich zur *Selbstkompetenz*.

Abbildung 5: Eigenständige Verhaltensweisen in verschiedenen Altersstufen

Das selbständige Kind kann/lernt...

als Kleinkind und in der Vorschulzeit:	in der Grundschulzeit:	im Jugendalter:
a) mit sich selbst umzugehen (den Körper kennenlernen) b) mit seinem Körper umzugehen (selbständig essen, sich waschen, aus- und anziehen, Zähne putzen usw.)	– alleine in die Schule gehen; – Hausaufgaben selbständig machen; – Schulranzen packen; – telefonieren; – Besorgungen machen; – einkaufen usw.	– das Zimmer aufräumen/gestalten; – sich mit Freunden verabreden; – Kleidung/Zimmer in Ordnung bringen/halten; – Konto einrichten/führen; – Ferien mit Gleichaltrigen machen (ohne Eltern) usw.

Wie Sie Ihr Kind in dieser Phase unterstützen können

Es erfordert schon einige Geduld von Eltern und Erziehern, trotzdem gilt: dem Kind so wenig wie möglich aus der Hand nehmen; möglichst keine Botschaften geben, die das Kind entmutigen, erniedrigen oder beschämen (z. B. „Dazu bist du doch noch zu klein". „Das können nur große Leute". „Das kriegst du nie hin!" „Ich seh schon, was dabei rauskommt").

Statt dessen: das Kind Erfahrungen machen lassen, die es wiederum zu einer alternativen Lösungsstrategie anregen. Das Kind versucht von sich aus Lösungen zu entwickeln. Oder ein Angebot machen, z. B.: „Wenn du Hilfe brauchst, sag es mir bitte. Ich kann dir dann gerne helfen."

Oder ermuntern: „Laß dir ruhig Zeit; ich kann warten, bis du fertig bist."

Oder einen Kompromiß anbieten: „Ich zeige dir, wie ich *meinen* Schuh binde, dann kannst du es mit *deinem* Schuh versuchen. Oder: „Ich möchte es einmal mit dir zusammen tun, dann kannst du es alleine versuchen. Bist du damit einverstanden?" (Hierbei kann man Handführung von hinten ausüben, wobei die Bezugsperson hinter dem Kind stehend ihre Hände über die des Kindes legt und führt oder aber Schritt für Schritt abwechselnd die Tätigkeit ausübt. Hierzu sollte natürlich das Einverständnis des Kindes eingeholt werden.)

Bei offensichtlichen Problemen des Kindes und eventuellen Mißmutsäußerungen kann zur Eingrenzung eines Mißerfolges (besonders, wenn dadurch Tobsuchtsanfälle ausgelöst werden) unterstützend und ermutigend eingegriffen werden. Jedoch sollten möglichst keine oder selten Lösungen direkt vorgegeben werden. Es empfiehlt sich, zu *Problemlösungen anzuregen.* Dies kann im Gespräch mit den Bezugspersonen geschehen, wobei sowohl die dabei entstandenen Gefühle (Ärger, Enttäuschung, Neugierde, Mut, Beharrlichkeit usw.) als auch die verschiedenen Aspekte der falschen oder richtigen Problemlösung erörtert werden. (Das Gespräch soll natürlich dem Alter angemessen sein.) Man kann auch dazu anhalten, Lösungsalternativen zu überlegen, indem man entsprechende *Leitfragen* stellt: Z. B: „Was könntest du jetzt tun?“ – „Hast du es schon einmal auf eine andere Art probiert?“ – „Welche Ideen hast du noch?“ – „Wie kriegst du das hin, daß der Knoten ganz fest wird?“ – „Wie schaffst du es, daß die Ösen des Reißverschlusses genau ineinander gesteckt werden können?“ (Dies sind Beispiele für sogenannte „differentielle“ Hinweise, die genau andeuten, worin der Fehler/die Lösung liegt.) „Was hast du vergessen, als erstes zu tun?“ (z. B. die Ärmel des Anoraks auf die richtige Seite zu kehren)

3.12 Angst vor Fremden und neuen Situationen – die Festigung des Bindungsverhaltens

Verhaltensweisen:
- „fremdeln“
- Fremden nicht die Hand geben
- sich hinter Mama oder Papa verkriechen

Ulrike, 8 Monate, sitzt auf dem Schoß der Mutter, ihr mit dem Rücken zugewandt. Die Mutter sitzt mit ihrer Freundin Tonia, die selten zu Besuch kommen kann, am Kaffeetisch. Die beiden Frauen sitzen sich genau gegenüber.

Ulrike hat zwischenzeitlich die „neue Tante“ mehrmals „in Augenschein“ genommen – in diesem gebührenden Abstand ohne erkennbare Aufregung oder Angst. Die Freundin steht nun auf, holt ein kleines Geschenk für Ulrike aus ihrer Tasche und geht freundlich auf sie zu. Sie streckt ihr das Geschenk entgegen und will es in ihre Hände legen. Ulrike hat schon bevor die „Tante“ in Reichweite gekommen war, den Blick von ihr abgewendet, sich ängstlich und rasch zur Mutter umgedreht. Jetzt, wo Tonia ihre Hände berührt hat, zieht sie diese kräftig zur Seite und jammert weinerlich. Ulrike klammert sich weinend an die Mutter, die das Fremdeln ihrer Tochter schon seit einigen Wochen kennt, sie sofort tröstend festhält und ihr beruhigend den Rücken streichelt.

Offensichtlich war Ulrike die plötzlich entstandene Nähe zur fremden Person bedrohlich. Tonia versteht glücklicherweise die Botschaft und macht sogleich einen Rückzieher. Sie überreicht das Geschenk der Mutter, die es dann direkt an Ulrike weiterleitet. Ulrike scheint beruhigt zu sein. Sie wendet sich interessiert dem Päckchen zu und beginnt, das Papier aufzureißen. Tonia spricht wieder „aus der Ferne" mit Ulrike, damit diese sich so an sie gewöhnen kann.

Konstantin, 2;10 Jahre, befindet sich mit seinen Eltern auf einem Spaziergang. Sie begegnen einem ehemaligen Nachbarn, der vor kurzem umgezogen ist. Konstantin kennt ihn zwar noch, ist aber nicht mit ihm vertraut.

Der Nachbar begrüßt in fast überschwenglicher Freude die Eltern und streckt auch sofort Konstantin die Hand zur Begrüßung entgegen. Konstantin läßt seine Hand hinter seinem Rücken „verschwinden", drückt sich eng an das Bein des Vaters, schaut erst zu Boden, dann wieder den „fremden" Mann an. Der Nachbar meint, zu ihm nach unten gebeugt: „Ja Konstantin, kennst du mich nicht mehr? Komm, gib mir mal schön die Hand!" Konstantin verdrückt sich jetzt ganz hinter dem Papa, die eine Hand in Papas Hosenbein verkrampft, die andere Hand an Mamas Hand geklammert.

Die Mutter versucht Konstantins Verhalten mit erklärenden Worten zu entschuldigen (in Wirklichkeit beschämt sie ihn): „Konstantin benimmt sich zur Zeit immer so komisch – bei allen Leuten." Der Vater hingegen zieht seinen Sohn nach vorne und fordert Konstantin nochmals auf, dem Nachbarn die Hand zu geben. „Konstantin, sei ein lieber Junge; sag mal schön ‚Guten Tag!'" Aber Konstantin hält seinen Blick fest nach unten gesenkt und verweigert die Hand. Endlich entschärft der Nachbar die Situation, indem er zu Konstantin sagt: „Na, Konstantin, du magst heute wohl nicht; aber vielleicht schaffst du es das nächste Mal." Erst als sich der Nachbar ganz den Eltern zuwendet, ist die „Gefahr" gebannt und Konstantin kann sich wieder entspannen.

Martina, 3;9 Monate, feiert im Kindergarten Nikolaus. Ihr Vater hat sich für die Nikolausrolle zur Verfügung gestellt. Er weiß um die Ängste, die seine Tochter hat, wenn Menschen verkleidet sind und nicht mehr eindeutig identifiziert werden können (d. h. fremd sind).

In Absprache mit den Erzieherinnen verkleidet sich der Vater vor den Kindern. Alle schauen ihm gebannt zu. Auch Martina, die mit ihrem Vater sogar scherzt, während er Mantel und Stiefel anzieht. Bei der weißen Perücke wird sie schon still und etwas ängstlich. Als der Bart angelegt ist und auch noch die Handschuhe und Mütze übergezogen werden, weicht sie in die hinterste Ecke des Gruppenraumes zurück. Sie sucht Schutz bei einer Erzieherin, die sie wieder in den Kreis zurückzuholen versucht. Martina darf sie an der Hand festhalten und in gebührendem Abstand vom Nikolaus bleiben. Sie schaut den Nikolaus genau an, schweigt (aus Angst), während die anderen Kinder das eingeübte Nikolauslied singen. Sie beobachtet aufmerksam, wie die übrigen Kinder nacheinander zum Nikolaus hingehen und das Geschenk entgegennehmen (Lernen an angstfreien Modellen). Das Geschenk kann sie (wie alle Kinder) bei ihm abholen, besteht jedoch darauf, von der Erzieherin begleitet zu werden. (Nicht der Nikolaus geht auf *sie* zu, sondern umgekehrt; dies gibt Martina das Gefühl, selbst mehr Kontrolle über die Situation haben. Die Begleitung hilft, mit der Angst besser umzugehen.)

Entwicklungsschritte:

1. Emotionale Entwicklung: *Bindungsfähigkeit*	„Fremdeln" ist Ausdruck des sich entwickelnden oder gefestigten *Bindungsverhaltens.*
2. *Angstbewältigung*	In der *Gewöhnung* an den/das Fremde und durch *Lernprozesse* wird die Angst bewältigt und schließlich überwunden.

„Fremdeln"

Ängste gehören untrennbar zur Kindheit. Im Zuge der voranschreitenden geistigen, seelischen, motorischen und sozialen Entwicklung ist das Kind ständig neuen Reizen und Situationen wie auch wachsenden Ansprüchen seitens der Umwelt ausgesetzt. Es ist zu ständiger Neuorientierung und Anpassung gezwungen, was u. U. vorübergehend zu Ängsten führen kann.

Die Angst vor Fremden und fremden Situationen taucht in verschiedenen Entwicklungsphasen immer wieder auf. Die erste zu beobachtende Form ist die sog. *Achtmonatsangst* oder das „Fremdeln". Sie tritt etwa um den 8. Lebensmonat herum erstmalig deutlich zutage:

Sobald eine nicht vertraute Person (sie muß also nicht unbedingt ganz fremd sein) räumlich oder auch durch intensiven Blickkontakt zu nahe kommt, zeigt das Baby die typischen Abwende- und Vermeidungsreaktionen wie auch ängstlichen Gefühlsäußerungen. Die Abwehr- und Vermeidungsreaktion ist meist bald beendet, sobald die fremde Person, die nötige (Sicherheits-)Distanz wieder hergestellt hat.

Bis vor kurzem noch war man der Meinung, daß die Achtmonatsangst ein Zeichen der fortgeschrittenen geistigen Entwicklung sei, wodurch das Kind in diesem Alter „fremde" von „bekannten" Personen unterscheiden könne. In der Tat kann ein Kind dieses Alters bekannte und fremde Personen eindeutig unterscheiden; dies kann es wohl schon länger. Neu hinzu kommt jetzt, daß die Bindung zu den Bezugspersonen sich festigt. Es kommt zu einem sog. Bindungsverhalten*, das sich vor allem in Auftreten von Angst bei Trennung oder erwarteter Trennung zeigt und in Freude bei Wiederkehr. Die Trennungsängste treten bei den meisten der Kinder besonders stark etwa im Alter von 9–12 Monaten auf, nachdem sich die Bindung weiter gefestigt hat. Die Achtmonatsangst kann als ein Vorläufer der Trennungsängste oder als gleichzeitig ablaufender Entwicklungsprozeß betrachtet werden.

Wenn ein Kind „fremdelt", stellt es sich weder „dumm" noch „komisch" an; es ist auch nicht schüchtern. Schüchternheit gründet vor allem auf einer Selbstunsicherheit, Fremdeln dagegen auf dem Entwicklungsschritt des Bindungsverhaltens.

Eine *stabile Bindung* zu Bezugspersonen wird hergestellt, wenn diese zuverlässig nicht nur Aufmerksamkeit und Liebe schenken, sondern sich vor allem auf die *Bedürfnisse* des Kindes einstellen und diese *„angemessen" beantworten* können. Beispielsweise soll bei Hunger des Kindes die Antwort in Nahrungszufuhr bestehen; bei Angst in Trost und Sicherheit; bei Wunsch nach Kontakt in Zuwendung und Ansprache; bei Neugierde im Bieten von genügend Freiraum, Zeit zum Verweilen, Möglichkeiten zum Erkunden usw. Ob sich eine *stabile* oder *unsichere* oder *ambivalente Bindung* entwickelt, ist im wesentlichen von der Fähigkeit der Bezugspersonen abhängig, einfühlsam reagieren zu können. Die Qualität des Bindungsverhaltens entscheidet bis in das Erwachsenenalter hinein über die Fähigkeit, anderen Menschen vertrauen und eine tiefe, langfristige Bindung in Freundschaft und Partnerschaft eingehen zu können.

Ängste bei Fremden und in fremden Situationen

Wie in Kap. 2.8 dargestellt, tauchen verschiedene Entwicklungsschritte in veränderter Weise in späteren Lebensabschnitten wieder auf. So auch die Ängste vor fremden Menschen und/oder Situationen.

Die Fremdelangst zeigt sich nochmals ganz deutlich im Alter zwischen zwei und drei Jahren. Während man bei Babies allgemein Verständnis und Rücksicht zeigt, kann bei Zwei- bis Dreijährigen schon die Erwartung vorherrschen, daß es sich um „große" Kinder handelt, die die alten Ängste überwunden haben sollten. Wie beim Fremdeln, so sind auch jetzt fremde Menschen angeborenerweise „mit Vorsicht zu genießen". Man kann ja nie wissen, wie diese zu einem stehen, was sie tun wollen usw. Auch hier wird eine von Intelligenz zeugende Leistung erkennbar: das Überlegen, Vorausdenken, Erwartungshaltungen überprüfen.

Wohlwollende Unterstützung ist immer hilfreich. Z. B. kann man dem Kind einfach Zeit zum Beobachten und Vertrautwerden lassen, ohne das entsprechende Normverhalten (z. B. Hand geben) einzufordern. Oder durch das eigene freundliche Verhalten zu dem „fremden" Menschen *lernt* das Kind *am Modell*, daß man auf diesen Menschen vertrauensvoll zugehen kann.

Wie Sie Ihr Kind in dieser Phase unterstützen können

- Grundsätzlich benötigen Kinder, die fremdeln, viel Einfühlungsvermögen seitens der Bezugspersonen, damit keine Überforderungen entstehen, die unter Umständen die Ängste vor Menschen verfestigen könnten. Toleranz und Akzeptanz des Fremdelns ist angebracht. Im Laufe der Zeit verschwinden die Ängste vor Fremden *von selbst.*
- Die Ängste in Alter von zwei bis drei Jahren treten dann auf, wenn die Kinder nun *soziale Verhaltensregeln* im Umgang mit anderen Erwachsenen oder Fremden lernen sollen. Beispielsweise, daß man zur Begrüßung die Hand gibt oder daß man die Leute beim Reden anschaut. Oder wenn *neue* Situationen auf sie zukommen, wie z. B. im Urlaub, oder bei Übernachtungen in anderen Familien.

  Nicht selten hört man Aussprüche Erwachsener wie z. B.: „Stell dich nicht so an!" – „Du tust heute aber wieder komisch!" – „Sei jetzt ein braves Kind, du bist doch sonst auch nicht so schüchtern!" – „Sonst hast du so ein großes Mundwerk, aber jetzt kannst du nicht einmal ordentlich ‚Guten Tag' sagen!" – „Wenn du jetzt nicht das schöne Händchen gibst, hat dich die Tante (oder andere Personen) nicht mehr lieb." Eine mißliche Situation für das Kind wie für den Erwachsenen: Der Erwachsene ärgert sich, weil er das Verhalten nicht einzuordnen weiß, und das Kind ist in seinem Selbstwertgefühl verletzt. Derlei Mißverständnisse könnten unter Umständen die Angst des Kindes vor Fremden verstärken oder übermäßig lange aufrechterhalten.

3.13 Das gleiche wie die Großen tun – an der Welt der Erwachsenen teilhaben

Kevins (2;6 Jahre) Leidenschaft ist Auto fahren in allen Variationen: Er fährt seine Spielautos aus Blech und Duplo-Steinen hin und her, fährt sie in die „Garage", läßt den Bagger im Sand baggern usw. und macht dabei laute Motorengeräusche.

Am tollsten findet er es, im Auto der Eltern am Lenkrad zu sitzen. Mit lautem Gebrumm und wilden Hin- und Herbewegungen des Lenkrads „fährt" er das „Auto von Papa". Welch eine Eroberung!

Kevins Opa ist Kfz-Mechaniker und betreibt eine eigene Werkstatt. Kevin möchte öfter „zu Opa – Opa helfen". Er darf kleine Handreichungen machen, worauf er sehr stolz ist.

Kevin hat in seinem Zimmer in einer Schuhschachtel eine eigene Kfz-Werkstätte mit „kaputten Autos" angelegt. Alle seine Autos müssen abwechselnd zwischendurch immer wieder mal „repariert" werden. Erst danach können sie wieder zum Spiel verwendet werden.

Lena, 3;5 Jahre, beobachtet ihre Mutter beim Fensterputzen im Wintergarten. Für die großen Fensterflächen benutzt die Mutter Wasser mit einem Reinigungszusatz und einen langen Stab mit Schwamm und Gummischaber an den Seiten.

Lena „weiß" jetzt, wie das geht, bittet energisch um den Schwamm, taucht ihn in das Wasser und beginnt, ohne das Wasser richtig ausgedrückt zu haben, mit großen Wischbewegungen ein Fenster zu reinigen. Fenster und Boden sind im Nu platschnaß, was sie nicht zu stören scheint. Ganz im Gegenteil, Lena taucht den Schwamm nochmals in das Wasser und putzt kräftig weiter, bis sie fragt: „Mama...? Ist das sauber?" Auf das bestätigende „Ja" der Mutter beginnt sie mit dem Gummischaber zu trocknen. Dies gelingt ihr rein motorisch mehr schlecht als recht. Aber Lena ist sehr zufrieden mit sich: Sie war Mama eine große Hilfe; denn sie kann das auch schon, wie die Großen!

Tags darauf erhält Lena Besuch von ihrer Kindergartenfreundin Katharina. Lena animiert ihre Freundin zur gemeinsamen Aktivität „fensterputzen". Zielbewußt eilen beide Mädchen in die Putzkammer und suchen sich sehr konzentriert, in gegenseitigen Verhandlungen über die notwendigen Materialien und „wie“ das geht, die Putzutensilien zusammen. Lena erinnert sich, daß ein bestimmtes Fensterreinigungsmittel in das Wasser geschüttet wurde, aber welches? Um es auch wirklich „echt, wie die Erwachsenen“ zu machen, fragt sie lieber ihre Mutter: „Mama, was muß da rein? fragt sie, auf den Putzeimer deutend. In der Erwartung eines nassen Fußbodens und verschmierten statt blitzeblanken Fenstern antwortet die Mutter zögerlich und zur Achtsamkeit mahnend. Um den Kindern aber nicht die Freude zu nehmen, findet sie für sich einen erträglichen Kompromiß: „Putzt doch bitte die schmutzige Balkontür. Und legt bitte die beiden Putzlappen auf den Boden, damit ihr das Wasser gleich aufwischen könnt.“ Beide richten sich widerspruchslos nach den Anweisungen und machen sich an ihre Arbeit. Nach einigem Hin und Her, wer denn jetzt wieder mal „dran“ ist, beschließen sie, daß das Fenster der Balkontür „schön sauber“ ist. Nun gehen sie zu den Fenstern im Wintergarten, die ihrer einvernehmlichen Meinung nach „schon wieder schmutzig“ geworden sind und die Reinigung „dringend nötig“ haben.

Boris, 2;11 Jahre, geht der Mutter gerne zur Hand, wenn sie Wäsche aufhängt. Er hat sich auf Socken und seine T-Shirts spezialisiert. Boris achtet sogar darauf, daß die Socken genauso (an der Fußspitze festgeklammert) aufgehängt sind, wie die Mutter es macht. Die T-Shirts dagegen „wurstelt“ er in ausdauernden Bemühungen über die Leine und klammert sie mit mehreren Klammern fest.

Diese Aktivität begeistert ihn so, daß er Taschentücher, Geschirrtücher, Handtücher und Socken aus Küche, Bad und Schrank zusammenträgt, um diese aufzuhängen. Er spielt dabei offensichtlich „Wäsche-Aufhängen“ als Rollenspiel und tut dies deutlich durch seine sprachlichen Begleitungen kund. Boris übt seine Arbeit gewissenhaft und eifrig aus.

Entwicklungsschritte:

1. *Intelligenzentwicklung* über „Lernen am Modell"	Über die Beobachtung eines Modells lernt das Kind lebenspraktische Handlungsabläufe in *geordneten Abfolgen* und *sinnvollen Lebenszusammenhängen* kennen und selbst auszuüben.
2. *Spielentwicklung:* Rollenspiel	In der Nachahmung von Aktivitäten von Bezugspersonen übernimmt das Kind ein Stück Wirklichkeit in sein spielerisches Handlungsrepertoire. Es verhält sich *so, als ob* es die Mutter/der Vater wäre, reproduziert so die Wirklichkeit und macht sich vertraut damit.
3. *Motorische Entwicklung:* Entwicklung von „Praxie"*	Aufbau und Festigung von geordneten, geplanten (vorprogrammierten) und der beabsichtigten Handlung *angemessenen Bewegungsmustern* wie auch *Bewegungsabläufen* (Ketten).
4. *Persönlichkeitsentwicklung:* Selbstwertgefühl und Handlungskompetenz	Über die Erfahrung „Ich kann das gleiche tun wie die Erwachsenen" wird das *Selbstwertgefühl* gesteigert. Das Kind fühlt sich „groß" und kompetent, etwas zu bewirken. Die Gemeinsamkeit mit Bezugspersonen vermittelt Wohlbefinden und Akzeptanz.

5.	*Sprachentwicklung*	*Begriffsbildung* und *sprachliche Ausdrucksfähigkeit.* (Vgl. Kap. 3.14)

Etwa zwischen zwei und drei Jahren (hier gibt es sehr große individuelleUnterschiede) beginnen die Kinder, die Erwachsenen in ihren üblichen Alltagshandlungen *nachzuahmen (= Lernen am Modell).* Die Kinder erobern damit ein Stück der (Erwachsenen-)Welt und machen sich diese zu eigen, indem sie das gleiche tun wie die Erwachsenen.

In der Reproduktion lebenspraktischer Handlungsabläufe lernen die Kinder, diese nicht nur auszuüben, sondern machen Erfahrungen über die *richtige Reihenfolge* (bei Veränderungen erleben sie meist Mißerfolg) in sinnvollen Lebenszusammenhängen, so daß sie *geordnete* und *vollständige Handlungsketten* ausführen und in der Übung festigen. Vollständige und geordnete Handlungsketten sind in der Kindergartenzeit, spätestens in der Schulzeit gefordert, z. B. wenn verlangt wird, daß die Kinder selbständig ihre Schulsachen ordnen, die notwendigen Schreibmaterialien auf den Tisch legen, das Geforderte in der richtigen Reihenfolge zu Papier bringen, wieder wegräumen, andere Materialien hervorholen usw.

Motorische Entwicklung

Wenn Kinder das beobachtete Verhalten Erwachsener in eigene Taten umsetzen, ist ein *Übertragen* von direkt Wahrgenommenem und/oder Vorgestelltem *in die Motorik* erforderlich. In der motorischen Ausführung machen die Kinder wiederum Erfahrungen über ihre körperlichen Kräfte und Koordinationsmöglichkeiten, trainieren ihre Geschicklichkeit wie auch die *zielgerichtete, zweckmäßige Planung von Bewegungsabläufen* (sogenannte Praxie*) und suchen bei Mißerfolgen nach neuen Umsetzungsmöglichkeiten. Die Unfähigkeit, rasch, planvoll und der beabsichtigten Aktivität angemessen die Bewegungsplanung wie die geordnete Übertragung in die Motorik ausführen zu können, bezeichnet man im Gegensatz dazu als Dyspraxie*. Dyspraktische Kinder (sozusagen „unpraktische" Kinder, die ihre Bewegungsplanung nicht zweckdienlich ausrichten) wissen beispielsweise nicht, in welche Richtung ein Schlüssel zum Öffnen des Schlosses gedreht werden muß. Oder es gelingt ihnen nicht, ihren Körper sinnvoll zu koordinieren, wenn sie Baumstämme überklettern wollen. Sie haben oft auch Mühe, ein einmal gelerntes Bewegungsmuster oder Bewegungsabläufe zu speichern. Man muß ihnen daher tagtäglich von neuem zeigen, „wie es geht".

Im Beispiel von Boris, der Wäsche aufhängt, ist ersichtlich, daß er es gut schafft, die Socken an die Wäscheleine zu klemmen. Boris erkennt leicht ein „Oben und Unten", oder „Ferse und Fußspitze". Mit den T-Shirts dagegen hat er seine Mühe. Hier gibt es zumindest vier Möglichkeiten, ein „Oben und Unten" zu definieren. Außerdem ist das wegen Ärmel und auch wegen der Größe des Stoffteils deutlich komplizierter. Boris versucht auf *seine Weise* die T-Shirts zu fixieren und ist dabei, wie man sieht, erfolgreich. Der knapp dreijährige Junge zeigt durchaus altersentsprechende Schwierigkeiten in der Umsetzung seiner Absichten, die er jedoch mit zunehmender Übung immer besser meistern wird.

3.14 Ständig plappernd das Spiel begleiten – vom „egozentrischen Sprechen" hin zur „inneren Sprache"

Birgitta, 3;5 Jahre, spielt mit ihrer fünfjährigen Schwester Nicole auf dem Rasen vor ihrem Haus. Das Haus ist zur Drainage mit dicken Kieselsteinen umlegt. Nicole läßt ihre junge Schildkröte frei umherlaufen; doch sie verliert bald die Lust, die Schildkröte ständig einzufangen. Also stülpt sie ihr das Gitter des Käfigs über, so daß sie eingezäunt ist.

Birgitta hat dies bemerkt, schleppt zwei große Wackersteine von der Hausumrandung herbei, und legt diese der Schildkröte „zum

Klettern", wie sie meint, hinein. *Spontan* entwickelt sich folgender Spielablauf, in dem Birgitta ihre Handlungen fortlaufend mit Worten begleitet:

„Noch mehr holen. Ja, ich hole Steine, ganz viele. Eins, zwei, drei, vier, ... das reicht?" Birgitta schleift Steine herbei, legt sie sorgsam in den Käfig, setzt die Schildkröte darauf. Zählt beim Hinlegen: „Eins, zwei, drei, vier, sieben ... so, baue dir ein Haus ... da kommt ein Stein darauf. Oh je, ist einer runtergefallen. Macht nichts..." Während sie ihre Gedanken vor sich hinspricht, läuft sie wieder zum Steinlager und trägt neue Steine herbei.

Das Spiel dauert voll konzentriert etwa 20 Minuten mit verschiedenen Variationen. Z. B. bringt Birgitta Gras „zum Fressen" herbei und umrandet lückenlos exakt den Käfig mit vielen kleineren Kieselsteinen, beschwert das Gitter kunstvoll mit speziell dafür ausgesuchten Steinen. Das Spiel mit den Steinen wird in die momentane Situation (= Schildkröte, eingezäunt, Schwester wendet sich anderem zu) eingebaut.

Erstaunlich ist, daß ihre Schwester sich in keiner Weise einmischt. Es scheint wie eine geheime Absprache zwischen den beiden Schwestern, daß nun die eine sich auf ihre eigene Weise mit der Schildkröte beschäftigt, während die andere sich neuen Interessen zuwendet. Vermutlich war der Satz „zum Klettern" das Signal für Nicole, daß Birgitta die Schildkröte übernimmt. Nicole kommt zwischendurch einige Male herbeigelaufen, schaut sich das Geschehen wortlos an und läuft wieder davon. So, als ob sie intuitiv darum wüßte, daß hier jede Störung das Spiel zerstören würde.

Entwicklungsschritte:

1. *Sprachentwicklung:* *„egozentrische"* Sprache	Sprachliche Begleitung des Spiels, wobei keine kommunikative Absicht vorhanden ist. Entwicklungsziele sind: Aufbau der *„inneren"* Sprache als Grundlage für höhere (geistige) Denkprozesse sowie Verbesserung der *Sprachgewandtheit.*

2. *Intelligenzentwicklung. „Innere“* Sprache	Aufbau und Festigung von *„innerer Sprache“* als Mittel für *logisches Denken. Erfassen von Zusammenhängen der Wirklichkeit. Vorausschauendes Denken und Planen* bzw. *planvolles Vorgehen.*
3. *Emotionale Entwicklung*	Im Spiel wird die Realität widergespiegelt, findet eine Auseinandersetzung mit ihr statt und wird sie verarbeitet.

Üblicherweise beginnt das egozentrische Sprechen zwischen zwei und drei Jahren und setzt sich bis ins Schulalter hinein fort. Eine Blütezeit erlebt das egozentrische Sprechen im Alter von etwa vier bis fünf Jahren, wo sich die Kinder unermüdlich in Rollenspielen die Welt aneignen und dabei ihre Handlungen sprachlich begleiten. Z. B. „Dann würde Mama heimkommen und das Kind suchen" als Vorbereitung einer kleinen Rollenspielszene.

Auch bei Erwachsenen kann man in den Lösungsversuchen komplexer Aufgabenstellungen noch egozentrisches Sprechen beobachten. Z. B.: „Was hab ich jetzt wieder gemacht?" – „Wie packe ich das am besten an?" – „Also, wenn ich das erst einmal so mache, dann müßte es eigentlich klappen." – „Wo liegt denn bloß der Fehler? Ich hab doch alles richtig gemacht!" Es wäre auch interessant, unseren Gedanken zuzuhören, wenn wir beispielsweise die Rechenaufgabe „127 minus 48" „im Kopf" rechnen. Der Leser/die Leserin sei einmal aufgefordert, diese Aufgabe über andere als sprachliche Mittel zu versuchen. Der einzige vorstellbare Weg wäre über räumliche *visuelle* Bilder und *visuell* erfaßte Mengen, die ja den sprachlichen Zahlen-Begriffen zugrunde liegen. Doch dann wäre die Bearbeitungszeit um ein Vielfaches länger und vielleicht auch fehlerhafter, da der Über*blick* verloren ginge und alle Zwischenspeicherungen von Zwischenergebnissen noch komplizierter wären als bei Zwischenspeicherungen in Form von Zahlenergebnissen. Übertragen auf schulische Lern- und Speicherprozesse spricht man hier von „Arbeitsgedächtnis" und meint die kurzzeitigen Speicherungen der Einzelelmente (z. B. lauten die Zahlen, die man bearbeiten soll „127" und „48") als auch der Zwischenergebnisse von Denkoperationen (z. B. „87" als Teilergebnis der Rechenoperation 127 minus 40). An diesen kleinen Beispielen wird die große Bedeutung innerer Sprache als Medium für logisches Denken deutlich.

Sprach- und Intelligenzentwicklung

Betrachtet man die Entwicklungsgeschichte des Menschen, so zeigt sich, daß die sprachliche (verbale) Kommunikation auf der Gebärdensprache (nonverbale Kommunikation) und dem lautlichen Ausdrucksverhalten (vor-verbale Kommunikation; Stimmfall, Rhythmus, Lautstärke, Betonungen und Pausen usw.) höherer Lebewesen beruht.

Der nächste große Schritt in der Entwicklungsgeschichte von Sprache besteht in der *Sinn-Zuweisung* von sinnlich Wahrgenommenem (z. B. ein Löffel) zu dem sprachlichen Begriff („Löffel"). Die Sinn-Entschlüsselung eines *Wortes* erfolgt auf der Grundlage der *Einheit* der gegenwärtig erfahrbaren *Situation, Handlung* und des *nonverbalen* wie *verbalen Ausdrucksverhaltens* des Sozialpartners. Alle gleichzeitig erfahrbaren Aspekte werden (noch vor dem Prozeß der Abstrahierung) als innere Abbilder der Wirklichkeit/des Gegenstandes usw. *gespeichert.* Am Beispiel des Löffels dargestellt, prägen sich zunächst die visuellen, taktil-kinästhetischen* und akustischen Wahrnehmungen fest im Gedächtnis ein. Entscheidend ist zusätzlich, daß die Wahrnehmungen nicht isoliert, sondern *eingebettet in lebensnahe Zusammenhänge* (z. B. essen, schöpfen, gefüttert werden, den Hunger gestillt bekommen, naschen, mit dem Stiel oder der Lasche etwas drücken, pressen, klopfen usw.) ablaufen. Daher kommt es, daß die ersten Worte nicht als reine Objektbezeichnungen, sondern immer als ganze Sätze (Ein-Wort-Sätze) zu verstehen sind. Es sind komplexe Bedeutungsträger, die immer einen größeren Zusammenhang oder eine Sinngestalt darstellen. Beispielsweise kann die vom Kind geäußerte Sinngestalt „mhm“ bedeuten: „Das Essen schmeckt mir“, oder „Ich habe Hunger“, oder „Ich möchte noch mehr haben“ , oder „Das ist etwas, was ich probieren möchte“, oder „Kann man das essen?“ Das Kind lernt also von Anfang an in komplexen Reizkonfigurationen (vgl. auch Kap. 2.3) und eben nicht isolierte oder vereinfachte Einzelelemente, die es dann erst in nachfolgenden Schritten mühsam zusammensetzen müßte.

Im Laufe der Zeit eignet sich das Kind mit zunehmenden Erfahrungen und eigenen Auseinandersetzungen mit der dinglichen Umwelt viele Begriffe an. Die Begriffe werden *sowohl für sich selbst* (egozentrisch) produziert (aus Freude am Sprechen und zu Übungszwecken) als auch *kommunikativ* im Dienste der zwischenmenschlichen Verständigung eingesetzt. Wenn Kleinkinder also das Spiel ständig sprechend begleiten, ihre Spielhandlungen damit kommentieren oder vorbereiten, handelt es sich um einen „Ausbau“ der Abstrahierungen von konkret Erfahrbarem. Wie beiläufig festigen und erweitern sich der *Wortschatz* und das *sprachliche Ausdrucksvermögen.*

Das Erkennen oder Identifizieren eines sprachlichen Begriffes (Wortes) kann nur in der geordneten Zusammenarbeit zwischen Hirnbereichen, die für die Wahrnehmungsverarbeitung zuständig sind, und Hirnbereichen, in denen sich die Speicherungen vollziehen, geschehen. Jede Abstrahierung beinhaltet, daß man von der wirklichen Wahrnehmung eines Objekts/einer Person oder eines Ereignisses *unabhängig* wird. Man kann sich etwas *vorstellen.* Zunächst gestaltet sich die Vorstellung als ein inneres (sinnliches) Abbild der Realität, dann wird sie zunehmend gekoppelt mit sprachlichen Bedeutungsträgern (Begriffen), letztendlich dann vorrangig oder ausschließlich in Sprache. Das Denken als rein geistiger Prozeß vollzieht sich bei Benutzung sprachlicher Begriffe, sprachlich gefaßter Zuordnungen, Vergleiche usw. wesentlich rascher, als noch auf der

Ebene der rein konkreten inneren Abbilder. Auch können komplexe Sachverhalte sprachlich rascher und präziser erfaßt, durchdacht und/oder gelöst werden. Viele hochkomplexe Sachverhalte sind nur noch über sprachliche Mittel zu be-greifen und mitteilbar.

Die Intelligenzentwicklung wie auch der schulische Erfolg hängen weitgehend von den oben beschriebenen Grundlagen sprachlicher Entwicklung ab.

Wie gesagt, das Identifizieren sprachlicher Begriffe und Satzbedeutungen vollzieht sich im Zusammenwirken von Wahrnehmungs- und Speicherzentren des Gehirns. Das bedeutet aber noch lange nicht, daß gespeichertes Sprachmaterial (passive Sprache) auch zum Durchdenken von Handlungen/Ereignissen/Aufgaben usw. eingesetzt wird (wie oftmals bei leistungsschwächeren Kindern in der Schule oder bei Lernbehinderten erkennbar). Das sog. *„innere Sprechen"* muß erst über die Stufe der egozentrischen Sprache aufgebaut werden, also über das „handlungsbegleitende" Sprechen (17).

Wie Sie Ihr Kind in dieser Phase unterstützen können

Stellen Sie möglichst viel Spielraum zum *handelnden* Spielen bereit, wo das Kind mit sich alleine ein Rollenspiel ausüben kann und dabei von selbst viel spricht.

Wie im vorangegangenen Beispiel von Birgitta dargestellt, ereignet sich dies ganz spontan in natürlichen Lebenssituationen. Selbstverständlich sind auch Spielmaterialien wie Bauklötze, Autos, Puppen, Kaufladen usw. dafür geeignet. Auch bei „Mutter/Vater-Kind"-Aktivitäten (siehe. Kap. 3.13) ergibt sich von selbst die Gelegenheit, das Spiel sprachlich zu begleiten.

Wenn das Kind gerade ins egozentrische Spiel vertieft ist, sollte man es möglichst nicht stören, sondern ganz in Ruhe lassen.

Die Ruhe zum Verweilen, zum Alternativen entwickeln,

Varianten einbauen, Vergleiche anstellen, Lösungen finden, und vor allem um zu verarbeiten, was tagtäglich an neuen Erfahrungen auf das Kind einströmt, ist m. E. eine wesentliche Unterstützung im Entwicklungsprozeß.

Das egozentrische Sprechen als Entwicklungsphase ergibt sich *spontan* und bildet sich in der Verarbeitung des handlungsbegleitenden Spiels zur inneren Sprache aus. Bei lernschwachen oder lernbehinderten Kindern zeigt sich jedoch häufig, daß die innere Sprache nicht ausreichend entwickelt ist und/oder zu wenig für Problemlösungen eingesetzt wird.

3.15 Fragen stellen – neugieriges Hinterfragen, logisches Denken, Begreifen der Welt

Nora (3;5 Jahre) sitzt auf der abendlichen Heimfahrt im Auto und betrachtet den Sonnenuntergang. Nachdem die Sonne ganz verschwunden ist, fragt sie ihre Eltern: „Wo geht die Sonne hin, wenn sie weg ist?" Die Eltern erklären kurz: „Die Sonne geht von uns weg in ein anderes Land. Dort scheint jetzt die Sonne, und bei uns wird es dunkel. Wenn du geschlafen hast und aufgewacht bist, ist die Sonne wieder da."

Nora fragt: „Warum ist es bei uns dunkel?"

Eltern: „Weil die Sonne nicht mehr scheint, dann gibt es kein Licht mehr am Himmel."

Nora: „Warum scheint die Sonne nicht mehr?"

Nora fragt unendlich weiter. Wie wir alle aus eigenen Erfahrungen wissen, gerät man leicht dabei in Erklärungsnot. Denn wie soll man einem dreijährigen Kind komplizierte astronomische Gesetzte einigermaßen nachvollziehbar erklären, sofern man überhaupt selbst auf derartige Fragen eine Antwort weiß.

Karla (4;6 Jahre) und Verena (4;4 Jahre) werden von Karlas Mutter vom Kindergarten abgeholt. Beide Kinder sitzen auf der

Rückbank des Autos. Sie unterhalten sich angeregt über die Ereignisse in ihren (verschiedenen) Kindergruppen. Karlas Mutter wird Zeugin folgender Welt-Erkenntnis:

Verena: „Wir haben was vom Himmel erzählt."
Karla: „Ja, was denn?"
Verena: „Weißt du, wohin man geht, wenn man gestorben ist?" (dramatischer Tonfall)
Karla: „Nein?! Wohin??"
Verena: „Also, wenn man gestorben ist, kommt man erst ins Grab – da unten – in der Erde drin."
Karla: „Weiß ich auch!"… „Na und…?" (ungeduldig, gespannt)
Verena: „Also, da bleibt was übrig, …von dem Menschen. Das steigt dann ohne Knochen in den Himmel!"
Karla (erstaunt, fassungslos) : „Was?? – ohne Knochen?!"
Verena: „Ja echt, ganz ohne Knochen geht das in den Himmel!" Ich meine, was da unten nicht…, was halt keine Erde wird." (heftig gestikulierend)
Karla: „Du meinst die Seele, oder?"
Verena: „Ja genau! Stell dir vor! – Die Seele, …die Seele kommt ohne Knochen in den Himmel!"
Karla: „Mhm? Wie geht das denn?? Da kann die doch gar nicht aufstehen?"
Verena: „Doch ehrlich! Die kann ohne Knochen gehen! …Oder fliegen halt!"

Nun lachen beide Mädchen laut und herzlich, als hätten sie den größten Scherz der Welt entdeckt. Sie albern eine ganze Weile darüber, wie die „Seele ohne Knochen" aussehen mag, wie sie sich bewegen könnte und wie und ob sie überhaupt Kleider tragen kann.

Ulrich (4;9 Jahre) hat seit ca. vier Wochen ein Schwesterchen. Die Mutter bezieht ihn aufmerksam in die Pflege und Betreuung seiner Schwester Sanne mit ein. Ulrich interessiert sich sehr für alles, was mit dem Baby zusammenhängt:

Ulrich: „Mama? …War ich auch einmal so klein?"

Mutter: „Ja, du warst genau so klein und lieb wie Sanne."

Ulrich: „Hab ich auch am Busen Milch getrunken?"

Mutter: „Ja."

Ulrich: „Warum darf ich jetzt nicht mehr aus deinem Busen trinken?"

Mutter: „Weil du schon groß bist und aus dem Glas trinken kannst."

Ulrich: „Warum muß ich aus dem Glas trinken?"

Mutter: Weißt du, es gibt nicht immer Milch im Busen. Nur, wenn man gerade ein Baby geboren hat. Und die Milch reicht gerade für *ein* Baby."

Ulrich (enttäuscht): „Ah." (nickt)

„Mama? ... Wo war die Sanne, bevor sie zu uns gekommen ist?

Mutter.: „Da war sie noch in meinem Bauch."

Ulrich: „War ich auch in deinem Bauch?"

Mutter: „Ja, klar. *Alle* Kinder wachsen im Bauch der Mutter, bevor sie auf die Welt kommen."

Ulrich: „Und wo war ich vorher, bevor ich in deinem Bauch war?"

Mutter: „Da warst du auch schon in meinem Bauch, aber ganz winzig klein, daß man dich nicht bemerkt hat. In einem ganz kleinen Ei."

Ulrich: „Und woher kommt das ganz kleine Ei? Wer hat es da rein gemacht?" usw.

Katharina (3;3 Jahre) führt zusammen mit ihrer Mutter den Hund Benno aus. Unterwegs schaut sie immer wieder auf Benno, spricht kaum; offenbar denkt sie über etwas nach. (In der vergangenen Woche war der Hund der Oma gestorben, mit dem sie auch öfter spazierengehen konnte.) Nun ist das Schweigen beendet und Katharina fragt:

Katharina: „Mama, wo ist die Asta jetzt?"

Mutter: „Asta ist begraben. Vielleicht hat sie auch eine Seele, wie wir Menschen. Und die Seele kommt in den Himmel, zum lieben Gott. Dort geht es ihr sehr gut."

Katharina: „Wo ist der Himmel für Asta?"

Mutter:„Auch da oben, – ganz weit oben beim lieben Gott." (zeigt zum Himmel hoch)

„Da, wo deine verstorbene Oma jetzt auch ist. Ich habe dir das ja schon einmal erzählt."

Katharina schaut mit ernstem Gesichtsausdruck zum Himmel hoch und schweigt lange. Dann versucht sie, weiter ihr Problem zu lösen:

Katharina: „Aber Mama, wie kommt die Asta denn in den Himmel?" Da ist doch gar keine Leiter!"

Entwicklungsschritte:

1. *Intelligenzentwicklung:* logisches Denken, Wissenserweiterung.	Einzelne Ereignisse/Wahrnehmungen werden zueinander in *Beziehung* gesetzt, das Kind sucht nach Erklärungen und eignet sich *Wissen über die Dinge der Welt* an.

In dieser Entwicklungsphase zeigen die Kinder großes Interesse an allen „großen" und „kleinen" Ereignissen der Welt. Auffallend ist auch ihre Neugierde in bezug auf den eigenen Körper (Geschlecht, Geschlechtsmerkmale) und die eigene Existenz (Herkunft, Zeugung, Tod, Wachsen, Erwachsen werden/-sein). Sie suchen nach logischen Erklärungen für das, was sie um sich herum wahrnehmen: Worte, die sie hören; Dinge, die sie sehen; Ereignisse, die sie erleben usw. Das Kind ist keinesfalls mit einem kurzen „ja" oder „nein" oder ins Lächerliche ziehenden Antworten zufrieden. Es möchte Antworten, die ihm einsichtig scheinen, die ihm – in seinen Verstehensmöglichkeiten noch an *konkret Erfahrbarem* haftend – nachvollziehbar scheinen. So wie „Katharina" sich den Weg zum „lieben Gott" im Himmel nur über eine „Leiter" vorstellen kann. Eine „Leiter" liegt innerhalb ihrer konkreten Erfahrungswelt und gibt für den vermittelten Werdegang des Lebens und Sterbens („nach dem Tod in den Himmel kommen") ein *logisch schlüssiges Bild.*

Der Wissensdurst der Kinder ist unersättlich. Aus einer Antwort auf eine Frage resultiert häufig eine neue Frage, die sich logisch aus der Antwort ergibt. Es können unendliche Frageketten entstehen, die nicht nur die Geduld des Erwachsenen, sondern auch seinen Wissensschatz bis an die Grenzen beanspruchen, wie im Beispiel von Nora angedeutet.

Wenn wir die Fragen nach Themen ordnen, erkennen wir einige Hauptkategorien:

– Thema: *gegenwärtig/konkret wahrnehmbar sein – verschwinden*

Beispiele: „Wohin geht die Sonne, wenn sie weg ist?"
„Wo sind die Leute im Fernseher jetzt?" (nach dem Ausschalten des Fernsehers)
„Wo gehst du hin?" „Wo bist du, wenn du zum Training gehst?"
„Wo bist du, wenn du fort gehst?"
„Wohin geht der Strom, wenn das Licht aus ist?"

– Thema: *Vergangenheit – Gegenwart – Zukunft; Herkunft – eigene Existenz – Zukunftsperspektiven*

Beispiele: „Wo bist *du*, wenn *ich* mal groß bin?"
„Mußt du/muß ich auch einmal sterben?"
„Wo sind wir, wenn wir tot sind? Sind wir dann immer noch zusammen?"
„Wo war ich vorher, bevor ich zu euch gekommen bin?"
„Wo kommen die Babys aus dem Bauch von Mama?"
„Kann ich auch mal Babys bekommen?"
„Muß ich auch mal heiraten, wenn ich groß bin?"

– Thema: *Geschlecht und Geschlechtsmerkmale – eigener Körper.*

Beispiele: „Warum muß ich beim Pipimachen sitzen und Peter nicht?"
„Wieso hast du einen Busen und ich nicht?"

„Wächst bei mir auch mal der Busen?"
„Warum hast du schwarze Haare und ich blonde?"
„Warum habe ich keine solchen Locken wie Papa?"
„Wie groß werde ich?"

– Thema: *Zusammenhänge erfassen; Gesetzmäßigkeiten/Regeln der Welt erfassen.*

Beispiel: „Warum ist der Himmel blau?"
„Warum darf ich nicht mehr am Busen trinken?"
„Warum heißt das Besteck ‚Besteck'? Wer hat das Wort erfunden?"
„Warum hast du Papa geheiratet?"
„Kann ich Papa heiraten, wenn ich groß bin?"
„Warum ist die Nacht so dunkel?"
„Was ist eine Wüste? Warum gibt es auf der Erde Wüsten?"

Wie Sie Ihr Kind in dieser Phase unterstützen können

Auf jeden Fall die ernstgemeinten und von Wissensdrang geprägten Fragen des Kindes beantworten, möglichst wahrheitsgemäß oder realitätsgerecht. Es will wirklich die Welt begreifen und kein albernes Frage-Antwort-Spiel betreiben. Die Antworten sollten natürlich dem Alter und dem Verständnisvermögen des Kindes angepaßt sein.

Keine Angst vor sogenannten Tabu-Themen. Also vor „Sterben und Tod", vor „Kinder zeugen" und sexuellen Themen. Für Kinder gibt es noch keine Tabu-Themen; sie gehen unbefangen an die Erkundung, wollen einfach nur Wissen erwerben und haben m. E. auch ein Recht auf eine ehrliche Beantwortung. Antworten wie „die Kinder werden vom Storch gebracht" sind in diesem Zusammenhang nicht angemessen.

3.16 Beim Sprechen ins Stocken und Stottern geraten – die „entwicklungsbedingten Sprechunflüssigkeiten".

Kai (3;9 Jahre) erzählt seiner Freundin Lisa von den vielen Tieren, die er zuhause hat:

„Weißt du, – wir ... wir ... wir haben ganz viele Hühner und ... und Zie-Ziegen. Die Kü-Kü-Kühe stehen immer draußen. Ei-eine Katze hab ... hab ich auch; die kommt ... kommt jeden Morgen zu mir aaans Bett. A-a-ber einen Hund hab iich keinen. Hast du auch Tiere?"

Kai zeigt das typische, entwicklungsbedingte Stottern.

Entwicklungsschritte:

Sprachentwicklung: Entwurf von *Sprachkonzepten* *Verautomatisierung des Sprechens*	Die *Wortfindung* und der *Entwurf* dessen, was mitgeteilt werden will, sowie die sprech-motorische *Automatisierung* sind noch nicht flüssig genug und werden geübt.

Ungefähr im Alter zwischen drei und fünf Jahren (± ½ Jahr) treten bei recht vielen Kindern altersgemäße (normale) *Sprechunflüssigkeiten* auf, die sich teils in Wiederholungen von ganzen Silben, Wörtern oder von Anfangsvokalen und einem stockenden Redefluß oder längeren Pausen zeigen. Früher wurde diese Art des Stotterns auch mit *„Entwicklungsstottern"* bezeichnet, da es zum normalen Verhaltensrepertoire kindlichen Sprechverhaltens gehört.

Die altersgemäße Sprechunflüssigkeit tritt in einer Zeitspanne auf, in der das Kind einen ungebändigten Vorwärtsdrang hat. Es stürmt (motorisch) nach vorne in die Welt, erobert mit Taten handelnd die dingliche und soziale Welt. Sprachlich ist es so weit, daß es feste Begriffe und Ausdrucksweisen für die Dinge und Ereignisse der Welt gesammelt hat, jedoch noch *nicht flüssig genug* aus dem Gedächtnisspeicher abrufen kann. Nun geht es verstärkt auf andere Menschen zu und möchte sprachlich kommunizieren. Doch ist die *Flüssigkeit* der *Wortfindungen* und der *Planung der Sprachinhalte* noch nicht perfekt genug; auch ist die *Motorik der Sprechwerkzeuge* (Lippen, Zunge, Kehlkopf) noch nicht flüssig, d. h. noch *nicht verautomatisiert.* Das Kind muß während des Sprechens noch auf alle Teilaspekte der Sprache besonders aufmerksam sein. Es gerät daher ins Stocken, verhaspelt sich. Es kann sein, daß das Kind mitten im Satz nicht weiß, wie es weitermachen soll, wie es eine Erfahrung zeitlich in der richtigen Reihenfolge geordnet und für den Empfänger verständlich ausdrücken kann. Es muß erst einmal überlegen, was zu den Pausen und/oder Wiederholungen führt. *Sprechpausen* dienen keinem anderen Zweck, als Zeit für die Wortfindung und den Aufbau des Satzinhalts zu gewinnen. Wird das passende Wort nicht gefunden, wechselt das Kind zu einer Umschreibung des Begriffs. Wenn ihm z. B. das Wort „gestern" nicht einfällt, wird es ganz individuell umschrieben mit „an dem Tag, wo ich Geburtstag hatte" oder „wo die Oma zu Besuch da war". Die „Eingeweihten", d. h. die Menschen, die in der Situation dabei waren, wissen auf jeden Fall, was damit gemeint ist. Oder für „Giraffe" steht die Umschreibung „das Tier mit dem ganz langen Hals". Ein Kind umschrieb den Begriff „Abend" sehr treffend mit: „wenn der Tag vorüber ist, und noch bevor die Nacht anfängt". Bei den Umschreibungen des nicht abrufbaren *abstrakten* Wortes greift das Kind wieder auf die Ebene des *konkret* Wahrnehmbaren zur Erläuterung zurück. Auch wir Erwachsene bedienen uns immer noch konkreter Umschreibungen, wenn uns altbekannte Worte nicht einfallen wollen.

Entwicklungsbedingte Sprechunflüssigkeiten sind von Fachleuten recht gut von einem beginnenden oder schon chronisch gewordenen „echten" Stottern zu unterscheiden. An dieser Stelle sei ausdrücklich davor gewarnt, beginnendes oder bereits chronisches Stottern als eine Unart des Kindes abzutun oder mit Fehlinterpretationen wie „Das kommt, weil es zu schnell spricht" oder weil es sich keine Mühe gibt" nur noch zu verschlimmern. Genau das Gegenteil ist der Fall. Auch kann man davon ausgehen, daß sich Stottern weder von selbst „auswächst" noch Zeichen eines „Spätentwicklers" ist. Fachliche Hilfe ist in diesem Fall dringend angeraten. Denn die negativen Folgen des Stotterns für das Kind im Kontakt mit Gleichaltrigen wie auch für sein Selbstwertgefühl können ernsthafte Ausmaße annehmen.

Wie Sie Ihr Kind in dieser Phase unterstützen können

Entscheidend ist, dem Kind genügend Zeit zum Finden der Worte und Formulierungen zu geben. In dem Wissen, daß das *entwicklungsbedingte Stottern* meist innerhalb eines halben Jahres *von selbst* verschwindet, sofern Eltern und Bezugspersonen angemessen damit umgehen, kann man geduldig und in voller Zuwendung einfach nur zuhören.

Kinder, die diese normale Sprechunflüssigkeit zeigen, sind weder „dumm" noch „hastig" noch „zu faul zum richtig Sprechen". Die Sprechunflüssigkeit zeigt lediglich an, daß die (motorisch und gedanklich ablaufende) Sprech- und Sprachflüssigkeit noch nicht hinreichend automatisiert ist. Die Verautomatisierung der einzelnen Prozesse, die an der aktiven Sprache beteiligt sind, wird schrittweise geübt, bis sie sich etwa mit sechs bis sieben Lebensjahren weitgehend vervollständigt hat.

Es versteht sich von selbst, daß folgende erzieherischen Verhaltensweisen bei Stottern (jeder Art) vermieden werden sollten.

Ermahnungen wie z.B.: „Sprich langsamer!" „Überlege erst, bevor du anfängst zu zu sprechen."

Kritik wie z. B.: „Stacksel nicht so rum, sprich ordentlich!" – „Kannst du denn nicht normal sprechen!"

Androhung von Bestrafung oder direkte Bestrafungen,

z. B.: „Wenn du nicht schön sprichst, gehen wir nicht zu Oma. Ich möchte mich doch nicht mit dir blamieren!" „Dafür, daß du so unmöglich geredet hast, bekommst du jetzt kein Eis. Du mußt dir schon mehr Mühe geben."

Verbesserungen, z. B.: „Das heißt *vortragen* und nicht *vor-vor-tragen.* „Sag das Wort noch einmal, aber bitte so..."

Derartige Reaktionen könnten zu einer (sekundären) Sprechscheu sowie zu einer Verstärkung des entwicklungsbedingten Stotterns und Andauern über die normale Zeitspanne hinaus führen.

Die zuverlässige, rasche Abrufbarkeit von eingeprägten Wörtern und die flüssige Formulierung erwirbt das Kind am ehesten, wenn genügend viele und vielfältige *Sprachanreize* gegeben sind.

Zur Erinnerung: Weniger einzelne Materialien wie z. B. Sprachspiele, Memorykarten oder Spielgegenstände sind sprachanregend, sondern weit mehr Materialien/Gegenstände aus *lebensnahen Umfeldern,* die zum aktiven Handeln anregen, wie beispielsweise *Küchenutensilien und Nahrungsmittel* (Töpfe, Teller, Becher, Salatsieb, Bestecke, Gewürze, Mehl, Zucker usw.), *Naturmaterialien* (Steine, Gräser, Blätter, Holzstücke, Äste, Blumen, Moos usw.), *Gebrauchsgegenstände und Materialien* aus Keller, Garage, Werkstatt, Garten usw. (Schlauch, Schnur, Seil, Reifen, Handwerkzeug, Schrauben, Nägel, Haken, Backsteine, Ziegelsteine, Zaunpfosten, Werktisch, Folien, Kisten, Blumentöpfe, Abfallsäcke, Rechen, Harken, Spaten, Erde, Blumenerde, frische und verblühte Pflanzen, Früchte und Beeren, Schneckenhäuser, Körbe, Eimer, Drähte, Isolierband usw.). Mit derartigen Materialien kann sich das Kind *aktiv* auseinandersetzen, es kann sie zu sinnvollen Handlungen benutzen, damit „Mutter-Vater-Kind"-Aktivitäten produzieren oder sie für egozentrisches Sprechen in seinen Rollenspielen gebrauchen und sich auch im sozialen Miteinander sprachlich darüber äußern. Gleichzeitig hört es im gemeinsamen Spiel oder der gemeinsamen Handlung das Sprach-Modell der Bezugspersonen und kann sich so *mühelos* die Regeln und Ausdrucksformen der Sprache aneignen, bis diese ganz automatisch (ohne darüber nachdenken zu müssen) verwendet werden können. Das Ziel dieses Entwicklungsprozesses ist die *Sprach- und Sprechautomatisierung* und die *Sprachgewandtheit*.

3.17. Aus Matratzen, Tischen, Stühlen Hütten bauen – Kooperation mit anderen lernen, ein Gefühl emotionaler Geborgenheit schaffen

Die Kinder spielen in Ediths Kinderzimmer. Die Nacht zuvor durften sie alle gemeinsam auf dem großen Matratzenlager auf dem Boden bei Edith (4;5 Jahre) übernachten. Noch bevor sie zum Frühstück kamen, einigten sie sich: „Wir bauen eine Hütte" und führten eine länger dauernde Spielsequenz durch:

Edith als Älteste übernimmt die Spielführung. Sie zerrt zuerst mit den anderen Kindern eine Matratze an den Tisch. Während Edith noch damit beschäftigt ist, die Matratze standfest am Schreibtisch anzulehnen und noch etwas zurechtzurücken, besorgt Sabrina (3; 2 Jahre) schon eine Wolldecke vom Matratzenlager und kriecht damit unter den Tisch. Sie macht es sich schon mal gemütlich.

Beat (3;11 Jahre) schiebt einen Stuhl herbei und stellt ihn in einiger Entfernung vor die Seite des Tischs. Dann holt er eine Daunendecke und legt sie so darüber, daß eine Seite auf dem Tisch, die andere Seite auf der Stuhllehne aufliegt. „Das wär das Vordach", meint Beat. Doch die Decke will nicht so liegenbleiben, wie Beat sich das gedacht hat. Er zupft erst an einem Zipfel, dann an einem anderen, um die Stabilität zu verbessern. Aber sie rutscht immer wieder nach unten. Und irgendwie scheint ihm das Vordach auch seinen Zweck nicht zu erfüllen. Er dreht kurzerhand den Stuhl um, so daß jetzt die Stuhllehne dem Tisch zugewandt steht. Der Versuch mit der Decke wird wiederholt. Edith beteiligt sich wortlos am Zurechtrücken der Decke, bis das „Dach" genügend Spannung besitzt. Die beiden Kinder kooperieren ohne vorherige Absprache ganz harmonisch: „Jetzt noch ein bißchen mehr. Nein, ... viel zu viel, ... so jetzt reicht es", meint Edith und gibt damit das Signal, daß nun ein weiterer Schritt kommen kann. Die kleine Sabrina beschließt, unter dem Stuhl hindurch wieder aus dem Haus zu kriechen. „Das wär der Eingang", sagt sie.

Edith entgegnet: „Nein, das geht doch schlecht, wir brauchen eine Türe!" Schon hat sich Sabrina darum gekümmert. Sie schleift eine zweite kleinere Matratze herbei und baut sie längs an den Stuhl an. Damit die Matratze stehen bleibt, wird sie mit dem letzten Drittel gegen den Stuhl angelehnt. Doch sie biegt sich krumm, rutscht nach vorne (weil zu schräg gestellt) und klatscht auf dem Boden auf. Mühsam stemmt Sabrina die Matratze wieder hoch. Beat faßt mit an und hilft in genau der richtigen Weise mit, so als hätte er Sabrinas Plan schon längst durchschaut. Zwischen Tisch und Stuhl befindet sich also eine Lücke, wo keine „Wand" ist. Zur Sicherung befestigen sie die Mauer unten mit einigen Spielkisten.

Edith läuft rasch weg und kommt laut rufend „Ich hab was für die Türe" mit einem Besen herein. Die Kinder legen gemeinsam Hand an, um den Besen jetzt wie einen Türsturz über die Lücke zu legen. Das ist eine wackelige Angelegenheit. Der Besen fällt einige Male zu Boden. Schließlich beraten sie, wie sie das Ziel doch noch erreichen könnten. Edith hat die Idee, einen „Vorhang" darüber zu hängen, der wie ein Band den Besen auf der Matratze festhalten soll. Sabrina findet das „nicht schön". Beat will eine „ganz lange Schnur" haben, um den Besen an die Matratze festzubinden. Die Kinder können sich mit dieser Idee anfreunden. Edith bittet ihre Mutter um eine „ganz lange Schnur". Die Mutter gibt eine Rolle Paketschnur und eine Schere mit, damit die Kinder *selbst* die Schnur „nach Maß" abschneiden können. Endlich schaffen es die drei Kinder in gemeinsamer Arbeit, die Schnur um Besen und Matratze zu wickeln. Jetzt fehlt nur noch „die Tür", die von Sabrina in Form einer zweiten Wolldecke darübergelegt wird. Beat nimmt einen unteren Zipfel der Decke, bindet ein langes Stück Schnur darum und zieht den Zipfel nach oben. Die Schnur wird zur Befestigung um den Besen gewickelt (das ergibt eine Öffnung für den Durchgang). „Ja, genau, hier würden wir noch die Klingel dranhängen", ruft Sabrina.

Edith hat dies gehört, kramt aus ihrer Spielkiste einige Rasseln und eine Handglocke hervor. Alle wollen die Glocke zur Hausklingel machen. Kunstvoll wird diese an der Schnur befestigt, die sowohl als Türöffner als auch als Klingel dient. Geschafft! Alle probieren die Tür aus und sind begeistert.

Nun sitzen alle drei in der Hütte und beginnen ein Rollenspiel über „einen Vater (= Beat), der „abends müde nach Hause kommt und Hunger hat". Selbstverständlich müssen die „Frauen" (= Sabrina und Edith) etwas Eßbares im Haus haben. Die Mutter hat diesen „Wink" verstanden und reicht den Kindern eine Schale frischer Erdbeeren in ihr selbst erbautes „Haus". Was für ein Vergnügen in der Hütte!

Entwicklungsschritte

1. *Intelligenzentwicklung:* Wissen um die Dinge und *Gesetzmäßigkeiten; logisches Denken; vorausplanendes Handeln; Problemlösungen; Konzentration.*	*Zusammenhänge* und *Beziehungen* werden erfaßt; nach Mißerfolgen müssen *Fehlerquellen* entdeckt und *Lösungen* entwickelt werden. Das Vorhaben erfordert eine innere *Planung* und eine *Konzentration* auf das Wesentliche bzw. das Vorhaben.
2. Entwicklung von *Phantasie* und *Kreativität.*	*Neue Ideen* zur Umsetzung des Planes und zur Spielfortführung werden aus dem Augenblick heraus „geboren".
3. *Soziale Entwicklung: Kooperation; Regelverhalten, Absprachen; Kompromisse eingehen; Teamfähigkeit.*	Die Kinder *arbeiten Hand in Hand,* entwickeln *gemeinsam Ideen, handeln Kompromisse aus, verteilen die Rollen* oder *schreiben sich selbst welche zu, unter-*

	stützen sich gegenseitig und *verfolgen konsequent das festgelegte gemeinsame Ziel.*
4. *Emotionale Entwicklung: Selbstwertgefühl; Selbstkompetenz*; emotionale Sicherheit und Geborgenheit.*	Das *Selbstwertgefühl* wird gestärkt durch die *soziale Akzeptanz,* die das Kind im gemeinsamen Miteinander erfährt, und die *Selbstbestätigung durch den Erfolg.* Die Erfahrung, in der *aktiven Auseinandersetzung* mit den Dingen auf die *Umwelt Einfluß nehmen zu können,* stärkt die *Selbstkompetenz.* Die schützende Umgrenzung der Hütte wie auch das Erleben der Gemeinschaft vermitteln Gefühle der *Geborgenheit* und *Sicherheit.*

Emotionale Sicherheit und Geborgenheit

Das Gefühl von *emotionaler Sicherheit und Geborgenheit* wird zunächst durch die Enge der Behausung oder des Raumes und das „Dach über dem Kopf" in der unbewußten Erinnerung an Empfindungen im vorgeburtlichen Zeitraum wieder hergestellt. Beim Fötus werden ganz besonders die erfahrene Wärme, die Enge und der Schutz zu dem Gesamteindruck von emotionalem Wohlbefinden und Geborgenheitsgefühlen verarbeitet. Man kann auch davon ausgehen, daß biologischerweise ein „Dach über dem Kopf" und eine „Behausung" um sich herum ein Gefühl von Sicherheit vermitteln, da dadurch die Gefahren von außen erheblich eingeschränkt sind.

Die Kinder stellen beim Hüttenbauen immer wieder diese Sicherheiten her. Gerade in der Entwicklungszeit der stürmischen Eroberung immer neuer Bereiche der Welt scheint es notwendig, sich häufiger in die sichere, kleine, umgrenzte Welt der selbst erbauten Hütte zurückzuziehen, um Geborgenheitsgefühle erfahren zu können. Gleichzeitig ermöglichen sich die Kinder eine Menge anderer Erfahrungen im sozialen und geistigen Bereich.

4. Spiele und Entwicklungsanregungen

4.1 Spielräume für Kinder

Eine unabdingbare *Voraussetzung* für jede spielerische Aktivität der Kinder ist das seelische *Wohlbefinden*, das durch Gefühle wie Sicherheit, Entspannung, Vertrauen und Neugierde getragen ist. Wenn ein Kind nicht oder zu wenig spielt, könnte dies darauf hindeuten, daß sein *natürlicher* Spieltrieb von seelischen Belastungen unterdrückt wird.

Neben diesen Grundbedingungen für Spielverhalten benötigen Kinder zusätzlich viele Gelegenheiten,
- selbst etwas tun zu können und eigen-aktiv zu sein,
- sie brauchen viele Bewegungsmöglichkeiten und -spiele, um ihren Körper spüren und um die Bewegungen immer besser koordinieren zu können,
- um ihre Sinne einsetzen und ausbilden zu können, um sich selbst handelnd und etwas bewirkend erleben zu können,
- um ausprobieren, korrigieren und variieren zu können und
- um etwas durchdenken, vorausplanen und Entscheidungen treffen zu können.

Kurz, Kinder brauchen genügend Spielräume, um sich bewegen, um erkunden, handeln und um etwas aus-denken zu können, damit sie sich ungestört in allen Bereichen menschlicher Entwicklung weiterentwickeln können. Renate Zimmer (21) umschreibt präzise die Bedeutung geeigneter Spielmöglichkeiten mit folgenden Worten:

„Für eine gesunde, harmonische Entwicklung brauchen Kinder Spielraum in zweierlei Hinsicht: Sie benötigen Orte zum Spielen, die in ihrer architektonischen Gestaltung und materiellen Ausstattung auf die kindlichen Bedürfnisse abgestimmt sind und die ihnen die Möglichkeit des Entdeckens, Ausprobierens, Erkundens und „Selbertuns" eröffnen... Kinder benötigen aber auch Spielraum für eigene Entscheidungen, individuelle Sinngebungen und selbständiges Handeln." (S. 50)

Zimmer betont damit den *Handlungsspielraum*, den wir Erwachsene den Kindern zumessen. Der Handlungsspielraum wird durch vielerlei berechtigte und weniger berechtigte Gründe eingeschränkt: z. B. durch die Gefährdungen im Straßenverkehr oder die Angst vor kriminellen Tätern sowie die Gefahr, daß die Kinder sich verirren könnten. Oder durch soziale Normen, wie z. B: „Kinder sollten sauber und ordentlich im Kindergarten/in der Schule ankommen." – „Wenigstens am Sonntag soll auf dem Spaziergang nicht im Dreck gespielt werden." Oder es sind arbeitsökonomische Aspekte, Zeit und Nerven der Eltern, die Grenzen setzen. Wenn das Kind z. B. mit den Händen essen will und alle Kleidung verschmiert; wenn es die Küche "ausräumt", wenn es „alleine kochen" will; wenn es vor jeder Autofahrt erst „selbst" fahren möchte, bevor Papa/ Mama losfahren darf usw. Und natürlich sind es auch Gesetze, die unser soziales Zusammenleben zwar regeln, für die Entwicklungsschritte der Kinder jedoch nicht immer sinnvoll sind. Ich denke hier an „Hausordnungen" und Anordnungen wie „Rasen betreten verboten" – „Ballspielen verboten" – ganz abgesehen von den räumlichen Grenzen heutiger Wohnungen und Kinderzimmer.

Bei allen Eingrenzungen geht es – wie immer – um das goldene Mittelmaß. Und wo immer möglich, sollten äußere Einschränkungen (Platzmangel, Hausordnung, Stadtwohnung usw.) durch entsprechende Freizeitangebote *ausgeglichen* werden. Der Spaziergang im grünen Außenstadtbezirk, im Wald, „Wald- und Felderoberungen", Wanderungen und Abenteuer-Unternehmungen (z. B. Höhlenbesuch, Kanufahrten, kleine Klettertouren), Urlaub auf dem Bauernhof, Schwimmen in natürlichen Gewässern oder Sportarten, bei denen im „lebensnahen" Umfeld viele Entdeckungen gemacht und Zusammenhänge erfaßt werden können (z. B. reiten, rudern), haben eine ausgleichende Wirkung. Insbesondere sportliche Aktivitäten und Freizeitaktivitäten in der Natur regen dazu an, daß Kinder *spontan* auf Entdeckungsreise gehen, daß sie im Umgang mit den natürlichen Materialien Beziehungen und Zusammenhänge erfassen (z. B. warum man Pferde auf der Koppel nicht einfach füttern darf; welche Farben für den Bootsanstrich geeignet sind; welche Wasserströmungen zu beachten oder auszunutzen sind) und zu vielerlei Fragestellungen kommen (z. B. „Wie tief ist der Baggersee?" „Wie ist der Bodensee entstanden?" „Wohin schleift die Ameise ihre Beute?" „Wie kommt die Milch in das Euter der Kuh?" „Kann der Raubvogel uns sehen?").

4.2 Spielen „drinnen" und „draußen"

Heutige Spielformen „drinnen" wie „draußen" unterscheiden sich grundlegend von denen in früherer Generationen.

Zunächst wurde „früher" weitaus häufiger draußen als drinnen gespielt. Die Kinder trafen sich auf der Straße. Man einigte sich, was man spielen wollte (z. B. Murmelspiel, Seilhüpfen, Ballspiel, Fußballspiel, Rollenspiel, Maikäfer fangen, Regenwürmer sammeln, den selbstgebastelten Drachen steigen lassen); wohin man gehen wollte (z. B. zur Feuchtwiese mit den kleinen Tümpeln, um Kaulquappen zu fangen; oder an den Dorfbach oder zum „Kirschen-Klauen") und zu wem man gehen wollte. Die Kinder spielten in Hof und Garten eines Spielkameraden, auf dem Bauernhof (in Stall, Scheune, auf der Tenne, auf der Koppel usw.), dem Holzlager des Dorfschreiners, mit dessen Kindern man das höchst interessante Gelände der Schreinerei eroberte usw. In diesen unbegrenzten Freiheiten rauften sich die Kinder zusammen oder auseinander, sie einigten sich auf Spielregeln, halfen sich gegenseitig, unterstützten die Jüngeren, bezogen sie in das Spiel mit ein und machten gemeinsam neue Entdeckungen. Dieses soziale Miteinander konnte weitgehend ohne Eingreifen eines Erwachsenen geschehen, wie das in unseren heutigen begrenzten und behüteten Spielräumen kaum noch möglich ist.

Damals wie heute bietet das Spiel „draußen" weit günstigere Entwicklungsanregungen für Kleinkinder als das Spiel „drinnen".

Draußen gibt es alles mögliche, das spontan zu Aktivitäten anregt: zum Sich-Bewegen, zum Spüren seines Körpers und seiner körperlichen wie geistigen Kräfte, zum phantasievollen Spiel und zum kreativen Umgang mit den Dingen. Die Bordsteinkante regt fast unwiderstehlich zum Balancieren an. „Fundstücke" wie vom Wind abgerissene Zweige, Holzstücke, Blechdosen, Flaschen, Steine usw. werden zu kreativen Spielmaterialien. Der Sandhaufen am Straßenrand kann dazu einladen, sofort hineinzutreten, hineinzuhüpfen, mit schnellen, weiten Schritten nach oben zu springen, möglichst bis zur Spitze, und sich mit dem Sand wieder „hinunterrieseln" lassen. Dabei kann man spüren, wie man einsinkt, das Gleichgewicht verliert, wie schwer die Beine in Bewegung zu setzen sind, wie sie im Sand „verschwinden" und sehen, wie der Sand nach unten rinnt, der Berg immer kleiner wird, seine Form verändert usw. Das sind höchst interessante und wichtige Erfahrungsmöglichkeiten. Die Pflastersteine am Straßenrand (Überbleibsel von Straßenarbeiten) werden als Steine zum Balancieren und Hüpfen aufgestellt, als „Fundstücke" mit nach Hause genommen, um dort als Fundament oder Zaun für eine Hütte zu dienen. Die Straße, der Gehweg wird zum Bühnenbild für Malkünste mit Kreide und Wasser umfunktioniert, die Bäume zum Klettern benutzt, und große Erdhügel (von Aushebungsarbeiten) werden kurzerhand als Hügel zum Hochklettern, Hinunterrutschen und Hinunterfahren mit allerlei fahrbaren Untersätzen und Rutschen benutzt. Büsche und Dickichte bieten Raum für ein ideales Versteck, für eine kleine Hütte oder Material für Stöcke. Wasserpfützen und eine lehmige Wiese, die sich nach Regenzeiten in ein Feuchtgebiet verwandelt, werden zu einem neuen Biotop und zu einer wahren Fundgrube für Bewegungs- und Wasserspiele. Regenwürmer, Schnecken, Raupen, Käfer, Ameisen, Kaulquappen usw. werden genauestens „untersucht", in Behältern gesammelt, beobachtet und zu Hause weiter „gezüchtet". Es werden ganze Wohnwelten für sie gebaut, oder sie werden in geeigneteren und schöneren Lebensräumen wieder freigesetzt. Der eigene Tierzoo dient als Kontakt- und Kommunikationsmedium zwischen den Kindern; um ihn herum bildet sich eine ganze *Spielwelt* mit vielen sinnvollen Handlungsketten. Und es entwickeln sich wiederum *Fragen* der Kinder über Lebensformen der Tiere, geeignetes Futter, Schutzmöglichkeiten usw.

Dies sind nur einige Beispiele dafür, wie Kinder alle Materialien und Naturereignisse so nutzen, daß sie damit selbst für ihre bestmögliche Entwicklung sorgen.

Wie wir alle beklagen, gibt es immer weniger *Bewegungs-* und *Erkundungsräume* für die Kinder. Im allgemeinen werden vor allem der Medienkonsum und die Computerspiele wie auch der eingeschränkte Zeitplan durch verschiedene Sport- und Förderaktivitäten dafür verantwortlich gemacht. Ich möchte hier auf zwei wesentliche Aspekte veränderter Spielmöglichkeiten eingehen, die in einem direkten Bezug zum Inhalt dieses Buches stehen: die *Bewegungsräume* und die *Spielmöglichkeiten in lebensnahen Umwelten,* in denen das Kind eigenaktiv und kreativ handeln kann.

Leider werden die Bewegungsräume auf bestimmte Orte und Räume eingegrenzt. Wir nehmen die Kleinkinder in das organisierte „Mutter/Vater-Kind-Turnen" mit. Wir stecken sie in Turn- und Sportvereine, damit sie in den Turnhallen und auf den Sportplätzen ihren Bewegungsdrang ausleben können. Wir gehen mit ihnen zu den Spielplätzen, die meist wenig Spielräume für eigene Tätigkeiten und Spielentwicklungen bieten. Statt geeigneter Materialien und Anlagen (z. B. fehlen große Erdhügel, die man erobern und bearbeiten darf, Büsche, Bäume, auf die man klettern kann, von denen man Äste abschneiden darf, Holzbretter, dicke und dünne Baumstämme, Seile) ist der Spielplatz üblicherweise mit *vorgefertigten* Geräten (wie Rutsche, Wippe, Klettergerüst, Schaukel) ausgestattet, die kaum zu kreativem Umgang anregen. Und wenn ein Kind einmal auf die Idee kommt, in kreativer Weise Wasser die Rutsche hinunter rieseln zu lassen, gibt es sicher von irgendwoher Schelte, daß man das doch nicht tue, weil sonst die anderen Kinder einen nassen Po bekämen. So geordnet sind schon die Spielwelten unserer Kleinsten!

Noch stärker eingeengt sind die Spielräume in den meisten Wohnungen und den winzigen Kinderzimmern. Diese sind zudem oft noch mit viel zuviel vorgefertigten und nur zu bestimmten Spielhandlungen einsetzbaren Spielmaterialien vollgestopft. Viele Kindermöbel halten den kindlichen Belastungen (klettern, darauf hüpfen, hangeln, sich darin verstecken, oder auch Treppen und Burgen bauen) nicht stand. Wo bleibt hier der Bewegungs- und Phantasie-Raum für die Kinder? (Notfalls bleibt nur noch der Rückzug auf die Küche als Experimentier- und Handlungsraum.)

Werfen wir abschließend noch einen Blick auf die Qualität von Spielmaterialien. Sicher, es gibt hervorragende Materialien, aber – wie wir alle wissen – auch sehr viel untaugliches Spielzeug, das von den Kindern selbst nach einer kurzen Spielphase „abgelegt" wird. Es handelt sich dabei um Materialien, die nur wenig Funktionen haben, keine Phantasietätigkeit zulassen und wenig Anregungen für ein Rollenspiel bieten. Langeweile und Lustlosigkeit machen sich rasch breit. Wir hören dann die Kinder sagen: „Mama, was soll ich spielen? Mir ist so langweilig." – „Ich weiß nicht, was ich spielen soll. Da kann man immer nur das gleiche machen!" Recht haben sie. Eines ist klar: Was kann schon ein gekaufter Spielgegenstand an Anreiz bieten, bei dem man durch einen Knopfdruck ein Geräusch und eine Bewegung hervorrufen kann, im Gegensatz zu einem Holzstück? Ein Holzstück, das am Bachbett gefunden wurde, das mal als Floß, mal als Schiffssteg, mal als Fähre, mal als Staumauer usw. genutzt werden kann und mit dem man seine Geschicklichkeit und Phantasie erproben kann.

4.3 Entwicklungsanregung bedeutet spielen lassen und mitspielen

Im vorliegenden Band schien es mir sinnvoll, wieder auf ganz *normale Entwicklungsabläufe* hinzuweisen und das Großartige darin hervorzuheben.

Ich meine, daß es nicht Aufgabe von Eltern/Erziehern sein soll, zu „fördern" und einzelne Funktionen wie z. B. die Intelligenz oder die Motorik zu „trainieren", sondern der Entwicklung ihre *natürlichen* Entwicklungs-Chancen zu bieten und durch neue Angebote, neue Umwelten, stützende Begleitung und im Notfall auch sichernden Schutz anzuregen. Ich spreche hier ausdrücklich *nicht* von einem teilnahmslosen Sich-selbst-Überlassen der Kinder, sondern von aktiver Teilnahme am Spiel, an den Interaktionen, und im Wechselspiel dazu auch von dem ungestörten „Verweilen-Lassen". Wenn wir gesund geborenen Kindern unter weitgehend normalen Lebensbedingungen die Möglichkeit gewähren, mit uns in einen Dialog zu treten, mit uns zu spielen und im eigenen Spiel mit sich selbst wie mit anderen die Welt zu erkunden, ihre Gesetzmäßigkeiten und Beziehungen zu erfassen, wenn Kinder sich mit ihrer Umwelt im aktiven ausdauernden Handeln auseinandersetzen können sowie im aktiven Handeln in lebensnahen Umweltbezügen die sprachliche Kommunikation erlernen können, dann setzen wir hinreichende Entwicklungsanregungen. Ja, sogar die bestmöglichen, wie ich meine, weil ganz von selbst unter einem positiven emotionalen Bezug zueinander spielerisch und in lebensnahen Bezügen „Sinnvolles" gelernt wird. Von Anbeginn des Lebens an versucht das Kind ganze Welten zu erfassen. Wenn es beispielsweise beginnt, seine Finger in Öffnungen zu stecken, erfaßt es, daß da etwas ist, wo man etwas hineinstecken kann. Wenn es einige Monate später in das Loch in der Kloschüssel faßt, ist es bemüht zu erkennen, wie die Dinge verschwinden. Wiederum einige Monate später fragt es schon, „wohin" die weggespülten Dinge gehen, was damit geschieht. Es erfaßt ganze *Lebensrealitäten*. Es ist unermüdlich bemüht, Beziehungen herzustellen und Probleme zu lösen.

Schritt für Schritt wird sein Wissen im einzelnen detaillierter und gleichzeitig in seiner Gesamtheit komplexer. In allen Spielaktivitäten ist das Kind unermüdlich dabei, die Welt zu erobern und zu begreifen; es trainiert selbst seine Fähigkeiten und sorgt so für seine bestmögliche Entwicklung.

Literatur

(1) **Affolter, Félicie:** Wahrnehmungsstörungen. In: Schweiz. Taubstummenlehrerverein (Hrsg.). Das mehrfachbehinderte hörgeschädigte Kind. Verlag Marhold, 1972, S. 94–115.

(2) **Affolter, Félicie:** Wahrnehmungsgestörte Kinder. Aspekte der Erfassung und Therapie. In: Pädiatrie und Pädologie 12, 1977, S. 205–213.

(3) **Affolter, Félicie:** Wahrnehmung, Wirklichkeit und Sprache. Neckar-Verlag, 1987.

(4) **Fremmer-Bombik, Elisabeth:** Der Beitrag der Bindungsforschung zur klinischen Beziehungsdiagnostik. In: Kindheit und Entwicklung, 3, 1996, S. 155–159.

(5) **Freud, Sigmund:** Jenseits des Lustprinzips. Studienausgabe Bd. III., Verlag S. Fischer, 1982.

(6) **Fröhlich, Andreas D. (Hrsg.):** Wahrnehmungsstörungen und Wahrnehmungstraining bei Körperbehinderten. Verlag Schindele, 1977.

(7) **Kazemi-Veisari, Erika:** Pädagogik im Wandel. Die Aufgaben des Kindergartens in einer sich verändernden Welt. In: Kindergarten heute, 6, 1993, S. 3–17.

(8) **Kazemi-Veisari, Erika**: Spielen: „in Angriff genommene Realität"? In: Kindergarten heute, 9, 1994, S. 3–8.

(9) **Kestenberg, J. S. / Kestenberg-Amighi, J.:** Kinder zeigen, was sie brauchen. Wie Eltern kindliche Signale richtig deuten. Verlag Herder/Spektrum (Herder 4222), 1993 (im Buchhandel nicht mehr erhältlich).

(10) **Kiese-Himmel, Christiane / Kruse, Eberhard:** Haptische Exploration im ersten Lebensjahr. Ein Schlüssel zum Verständnis abweichender Sprachentwicklung im frühen Kindesalter? In: Kindheit und Entwicklung, 8, 1994, S. 94–100.

(11) **Klitzing, Kai von / Simoni, Heidi / Amsler, Felix / Bürgin, Dieter:** Der Einfluß der elterlichen Repräsentanzenwelt auf die Beziehungsentwicklung des Säuglings. In: Kindheit und Entwicklung, 3, 1996, S. 168–173.

(12) **Kusch, Michael**: Normale und abweichende Entwicklung im Säuglingsalter. In: Kindheit und Entwicklung, 4, 1995, S. 7–14.

(13) **Mönks, Franz, J. / Knoers, Alfons M. P.:** Lehrbuch der Entwicklungspsychologie. Verlag Reinhardt, 1966.

(14) **Papousek, Mechthild:** Die intuitive elterliche Kompetenz in der vorsprachlichen Kommunikation als Ansatz zur Diagnostik von präverbalen Kommunikations- und Beziehungsstörungen. In: Kindheit und Entwicklung 3, 1996, S. 140–146.

(15) **Papousek, Mechthild:** Vom ersten Schrei zum ersten Wort. Verlag Hans Huber, 1995, 2. Aufl.

(16) **Piaget, Jean**: Das Erwachen der Intelligenz beim Kinde. Verlag Springer, 1969 (Studienausgabe: 1975).
(17) **Radgik, Werner:** Kognitive Entwicklung und cerebrale Dysfunktion. Verlag modernes lernen, 1986.
(18) **Rauh, Hellgard:** Frühe Kindheit. In: Oerter, Rolf / Montada, Leo: Entwicklungspsychologie. Ein Lehrbuch. Verlag Urban & Schwarzenberg, 1982, S. 124–194.
(19) **Wendlandt, Wolfgang:** Sprachstörungen im Kindesalter. Materialien zur Früherkennung und Beratung. In: Luise Springer u. Dietlinde Schrey-Dern (Hrsg.): Forum Logopädie, Verlag Springer, 1995.
(20) **Zimmer, Renate:** „Ich bin schon groß, ich kann alleine klettern..." Zur Bedeutung von Körper- und Bewegungserfahrungen für das Selbstwerden des Kindes. In: Kindergarten heute, 1, 1997, S. 6–15.
(21) **Zimmer, Renate**: Veränderte Kindheit – verändertes Spielen. In: Kindergarten heute, 3, 1994, S. 42–50.

Weitere Literatur:

Ayres, A. Jean: Bausteine der kindlichen Entwicklung. Verlag Springer, 1984.

Bierbaumer, Niels / Schmidt, Robert F.: Biologische Psychologie. Springer-Lehrbuch, 1991.

Bowlby, Jerome: Attachment and loss. Vol. 1: Attachment. London; Hogarth Press and Institute of Psycho-Analysis.

Brack, Udo, B.: Entwicklungsstörungen. In: Kindheit und Entwicklung 1, 1996, S. 3–11.

Brunner, Jerome: Wie das Kind sprechen lernt. Verlag Huber, 1. Aufl. 1987

Brüggebors, Gela: Einführung in die Holistische Sensorische Integration (HSI).
Teil 1: Sensorische Integration (SI) und holistische Evaluation. (1992)
Teil 2: Von der HSI zur Holistischen Sensorischen Balance. (1994)
Verlag borgmann, 1992 und 1994.

Campenhausen, Christoph von: Die Sinne des Menschen. Band I: Einführung in die Psychophysik der Wahrnehmung. Verlag Thieme, 1981.

Doering, Waltraud und Winfried (Hrsg.): Sensorische Integration. Anwendungsbereiche und Vergleich mit anderen Fördermethoden/Konzepten. Verlag borgmann, 1990.

Eccles, John C.: Das Gehirn des Menschen. Verlag R. Piper, 1979, 4. erw. Aufl.

Fascher, Ralf: Überlegungen zur psychodynamischen Bedeutung des Versteckspielens in der Kinderpsychotherapie. In: Praxis der Kinderpsychol. u. Kinderpsychiat., 9, 1997, S. 660–671.

Frostig, Marianne: Bewegungserziehung. Neue Wege der Heilpädagogik. Verlag Ernst Reinhardt, 1975.

Gibson, James J.: Die Sinne und der Prozeß der Wahrnehmung. Verlag Huber, 1982, 2. Aufl.

Guttmann, Giselher: Lehrbuch der Neuropsychologie. Verlag Huber, 1982, 3. Aufl.

Herpertz-Dahlmann, Beate / Remschmidt, Helmut: Entwicklungsabweichungen infolge von Störungen. In: Kindheit u. Entwicklung, 11, 1995, S. 15–24.

Hetzer/Todt/Seiffge-Krenke/Arbinger (Hrsg.): Angewandte Entwicklungspsychologie des Kindes- und Jugendalters. UTB, Quelle & Meyer, 1979.

Holle, Britta: Die motorische und perzeptuelle Entwicklung des Kindes. Ein praktisches Lehrbuch für die Arbeit mit normalen und retardierten Kindern. Psychologie Verlags Union, 1988.

Kesper, Gudrun / Hottinger, Cornelia: Mototherapie bei sensorischen Integrationsstörungen. Eine Anleitung zur Praxis. Verlag Ernst Reinhardt, 1992.

Kiese-Himmel, Christiane / Höch, Jasmin / Liebeck, Heinz: Psychologische Messung taktil-kinästhetischer Wahrnehmung im frühen Kindesalter. In: Praxis der Kinderpsychol. u. Kinderpsychiat. 4, 1998, S. 217–228.

Kusch, Michael / Petermann, Franz: Konzepte und Ergebnisse der Entwicklungspsychopathologie. In: Petermann, Franz (Hrsg.): Lehrbuch der Klinischen Kinderpsychologie. Erklärungsansätze und Interventionsverfahren. Hogrefe, 1998, 3. Aufl., S. 53–93.

Kusch, Michael / Petermann, Franz: Entwicklungsabweichungen infolge umweltbedingter Störungen. In: Kindheit und Entwicklung, 11, 1995, S. 25–32.

Michaelis, Richard / Nolte, Renate / Buchwald-Saal, Monika / Haas, Gerhard H.: Entwicklungsneurologie. Verlag Kohlhammer, 1984.

Michaelis, Richard / Kahle, Heidi / Michaelis, Ulla Solvej: Variabilität in der frühen motorischen Entwicklung. In: Kindheit und Entwicklung, 6, 1993, S. 215–221.

Nickel, Horst: Entwicklungspsychologie des Kindes- und Jugendalters. Verlag Huber, 1976, 3. Aufl.

Nickel, Horst: Der normale Entwicklungsverlauf von Wahrnehmungsprozessen im Kindesalter. In: Berger, Ernst (Hrsg.): Teilleistungsschwächen bei Kindern. Verlag Huber, 1977.

Oerter, Rolf / Montada, Leo: Entwicklungspsychologie. Ein Lehrbuch. Verlag Urban & Schwarzenberg, 1982.

Reinartz, Anton / Reinartz, Erika / Reiser, Helga (Hrsg): Wahrnehmungsförderung behinderter und schulschwacher Kinder. Verlag Marhold, 1979.

Rothenberger, Aribert / Hübner, Gerald: Die Bedeutung von psychosozialem Streß im Kindesalter für die strukturelle und funktionelle Hirnreifung: neurobiologische Grundlagen der Entwicklungspsychopathologie. In: Praxis der Kinderpsychol. u. Kinderpsychiat., 9, 1977, S. 623–644.

Sarimski, Klaus: Untersuchungen zur Entwicklung der sensomotorischen Intelligenz bei gesunden und behinderten Kindern. In: Praxis der Kinderpsychol. u. Kinderpsychiat,. 1, 1986, S.16–21.

Siebenthal, Kurt von / Kakebeeke, Tanja H. / Largo, Remo H.: Pränatale und frühe postnatale Motorik. In: Kindheit und Entwicklung, 6, 1993, S. 210–214.

Stern, Daniel: Mutter und Kind. Die erste Beziehung. Verlag Klett-Cotta, 1979.

Sydow, Hubert.: Modelle der kognitiven Entwicklung und ihre Förderung. In: Kindheit und Entwicklung, 1, 1996, S. 30–35.

Zimmer, Renate: Die Bedeutung der Bewegungsumwelt für die motorische Entwicklung von Kindern. In: Kindheit und Entwicklung, 6, 1993, S. 222–226.

Zimmer, Renate: Projekte. Lebensnahes Lernen in ganzheitlichen Zusammenhängen. In: Kindergarten heute, 3, 1996, S. 18–23.

Zimmer, Renate: „Spiel(t)räume". Projekte – Folge 2. In: Kindergarten heute, 4, 1996.

Zimmer, Renate: Matschräume, Geisterhöhlen und Oasen. Projekte – Folge 3. In: Kindergarten heute, 5, 1996, S. 26–30.

Zimmer, Renate: Handbuch der sinnlichen Wahrnehmung. Grundlagen einer ganzheitlichen Erziehung. Verlag Herder, 1996.

Ziegenhain, Ute / Müller, Bernd / Rauh, Hellgard: Frühe Bindungserfahrungen und Verhaltensauffälligkeiten bei Kleinkindern in einer sozialen und kognitiven Anforderungssituation. In: Praxis der Kinderpsychol. u. Kinderpsychiat., 3–4, 1996, S. 95–102.

Zinke-Wolter, Petra: Spüren – Bewegen – Lernen. Verlag borgmann, 1991.

Glossar

anamnestisch/Anamnese: lebensgeschichtliche Daten betreffend/Lebensgeschichte.

Bindung; Bindungsverhalten: Das theoretische Bindungskonzept beruht auf der ethologischen Theorie nach Bowlby (1969). „Er beschreibt das Bindungssystem als angeborenes System neben anderen angeborenen Systemen der Exploration, Ernährung, Sexualität und Pflege... Das ursprünglich angeborene Bindungsverhalten entwickelt sich im ersten Lebensjahr personenspezifisch zwischen Kind und Bindungsperson. In Abhängigkeit von den feinfühligen oder zurückweisenden Reaktionen der einzelnen Bindungspersonen auf die kindlichen Signale entwickeln sich unterschiedliche Bindungsstrategien, d.h. Verhaltensmuster, die durch Bindungs- und Fürsorgeverhalten zu einer Deaktivierung des Bindungssystems führen." (Fremmer-Bombik, 1996, S. 155)
Man unterscheidet drei Typen von **Bindungsverhalten** oder Strategien, die sich erst unter dem Einfluß von Angst, Müdigkeit und Erfahrungen von Fremde dem Beobachter zeigen:
Die **sichere Bindung (B-Verhalten):** Bei Trennung keine besonderen Auffälligkeit; angemessenes Absicherungsverhalten; bei Wiederauftauchen der Bezugsperson große Freude. Die Kinder sind allgemein aufgeschlossener, entspannter, kooperativer, begeisterungsfähiger, ausdauernder bei Aufgabenstellungen, leistungsfähiger als Kinder der anderen beiden Typen. Allgemein geht man davon aus, daß eine sichere Bindung Ausgangsbasis für einen offenen und unbelasteten Umgang mit der sozialen und gegenständlichen Welt" gewährleistet. Ziegenhain/Müller/Rauh, 1996, S. 95)
Die **unsicher-vermeidende Bindung (A-Verhalten):** Bei Trennung von der Bezugsperson starke und oft langanhaltende Ängste. Bei Wiederkehr der Bezugsperson nach außen hin distanziert und „cool" wirkend, so als hätte ihnen die Trennung nichts ausgemacht; teils Kontakt meidend. (Psychophysiologische Messungen dagegen zeigen hohe körperliche Streßreaktionen!).
Die **unsicher-kontrollierende Bindung (C-Verhalten):** Auch hier treten in Trennungssituationen starke, oft langanhaltende, untröstliche Angstreaktionen auf. Bei Wiederkehr der Bezugsperson erfolgt große Erleichterung (nicht „Freude") und anklammerndes Verhalten.

Dendriten: *Kurze* Nervenfortsätze; Nervenverästelungen. (Vgl. *„Neurit"*)

Dialog; frühkindlicher Dialog: Zwiegespräch; wechselseitiges Aufeinanderbezogensein; im Säuglings- und Kleinkindalter non-verbal (über Mimik, Gestik, stimmliche Äußerungen), später auch verbal (über Wörter, Sätze.).

Dyspraxie: s. Praxie

Egozentrismus beschreibt in der Entwicklungspsychologie eine Phase der typischen Wahrnehmungsverarbeitung und umfaßt die Zentrierung auf sich selbst bzw. das eigene Ich. „Egozentrismus ist eine Verhaltensweise, bei der die Wahrnehmung durch den eigenen Gesichtspunkt bestimmt wird, wobei es an Differenzierung in der Subjekt-Objekt-Orientierung fehlt... Es bedeutet, daß man sich nicht von sich selbst lösen kann, also nicht den Standpunkt bzw. die Betrachtungsweise eines anderen einnehmen bzw. übernehmen kann. Egozentrismus muß jedoch deutlich unterschieden werden von Egoismus – einer Einstellung, die sich in selbstsüchtigem Handeln äußert, während Egozentrismus das Selbst in den Mittelpunkt stellt und gleichzeitig mit selbstlosem Handeln einhergehen kann." (13, S. 88)
„Egozentrische Sprache"* wird teils auch als „private" Sprache – im Gegensatz zur „sozialen" – bezeichnet. Egozentrische Sprache kennzeichnet den Umstand, daß das Kind mit sich selber spricht, ohne kommunikative Absicht an einen Sozialpartner. Es möchte nichts mitteilen; es begleitet lediglich seine Spielhandlungen sprachlich (z.B.: „Oh, je, ist runtergefallen", oder „Der Mann sitzt im Auto, fährt nach Hause") oder bereitet diese sprachlich vor. (z.B.: „Ich hole jetzt Steine", oder „ Dann würde ich einkaufen gehen".) Typisches Verhalten im Spiel von zwei- bis dreijährigen Kindern, das sich bis ins Grundschulalter fortsetzt und zeitweise (unter bestimmten Bedingungen) auch im Erwachsenenalter wieder auftreten kann.
„Egozentrisches Sprechen" ist die Vorstufe zum **„inneren Sprechen*"**.

emotional: gefühlshaft; die Gefühle betreffend; **Emotion** = Gefühl.

frühkindlicher Dialog: siehe unter „Dialog".

frühkindliche Reflexe: Als *motorischen Reflex* bezeichnet man unwillkürliche Bewegungsmuster, die auf einen bestimmten Reiz hin ausgelöst werden. *Frühkindlich* bedeutet, daß diese Reflexe nur in den ersten Lebensmonaten zu beobachten sind. Mit zunehmender Hirnentwicklung übernehmen übergeordnete Hirnzentren eine hemmende und steuernde Kontrolle darüber; die frühkindlichen Reflexe werden integriert in komplexere Bewegungsabläufe, die *willkürlich* zu steuern sind. Typische frühkindliche Reflexe sind z. B. der Greifreflex, der auf Berührung der Handinnenfläche ausgelöst wird, und der asymmetrisch tonische Nackenreflex, der durch die Impulse aus den Nackenmuskeln eine (reflexhafte) Steuerung der Arm- und Beinmotorik auslöst.

Exploration: Erkundung, Erkundungsverhalten = *angeborenes* System, das auf *Neugierde* beruht.

Fernsinne: Gehörsinn und Gesichtssinn (akustische und visuelle Wahrnehmung) als Sinnessysteme, die Reize aufnehmen, die normalerweise von „fern" kommen. Das Objekt oder die Person, von dem oder der diese Reize ausgehen, haben keinen Körperkontakt. Im Gegensatz dazu bezeichnen **Nahsinne** Sinnessysteme, die die Reize direkt unter Körperkontakt aufnehmen, wie der Hautsinn, der Muskelsinn, der Schmerzsinn u. a. m.

Gehirnstruktur: Die Anzahl der im Gehirn vorhandenen Nervenbahnen (= Neuriten und Dendriten mit deren kleinen Dornfortsätzen) sowie die Anzahl der Kontaktstellen unter den Nervenbahnen (= Synapsen) bildet die Gehirnstruktur.

Grundsinne; Grundsinnessysteme: Zu den grundlegenden Sinnessystemen zählen der Hautsinn, der Muskel- und Stellungssinn und die Gleichgewichtssinne (= Drehbewegungs- und Lagesinn). Sie beginnen ihre Funktionsfähigkeit schon vorgeburtlich und bilden nachgeburtlich die *Grundlage* für die weitere Wahrnehmungsentwicklung. Die Zusammenarbeit der Grundsinne wird auch als **taktil-kinästhetische Wahrnehmung** umschrieben.

Hand-Augen-Koordination: Das geordnete Zusammenspiel von Hand und Augen, wobei die visuellen Wahrnehmungen die Handmotorik steuern. (Die Hand arbeitet sozusagen unter Kontrolle der Augen.)

Hand-Hand-Koordination: Geordnetes Zusammenspiel beider Hände. Wobei entweder beide Hände das gleiche tun können (z. B. ein Buch festhalten) oder die eine Hand die Haltehand ist, während die andere die handelnde oder tätige Hand ist (z. B. beim Malen hält die eine Hand das Blatt fest, während die andere Hand den Stift führt).

innere Sprache/inneres Sprechen: wird über „**egozentrisches Sprechen***" erworben. Aus dem „äußeren" Sprechen (hörbar) wird das für den Beobachter nicht mehr wahrnehmbare „innere" Sprechen; d. h. Sprache bleibt als *innerer Prozeß* existent. Sie dient als Mittel für logische Denkprozesse. Von der logischen Denkfähigkeit wiederum ist die Intelligenz- und Sprachentwicklung (insbesondere die sprachliche Ausdrucksfähigkeit) abhängig.

Interaktionsspiele: Spiele in gegenseitigem Wechselspiel mit einem *Partner.*

kognitiv: Die *geistigen* Funktionen betreffend; *Denk*prozesse.

Körperbewußtsein: Sammelbegriff für das, was man vom Körper wahrnimmt, wie er sich anfühlt und was man darüber weiß. Frostig (1975) untergliedert drei Aspekte des Körperbewußtseins: Das **Körperimago**, das **Körperschema** und den **Körperbegriff**.
„Das Körperimago wird definiert als die Summe aller auf den Körper bezogenen Empfindungen, ‚der Körper, wie er sich anfühlt'..." (S. 45) Für die Entwicklung des Körperimagos (Körperbildes) sind u. a. die frühen Lebenserfahrungen am und mit dem eigenen Körper entscheidend, z. B. die Art und Häufigkeit von Berührungen und Zärtlichkeiten, von wohltuenden oder schmerzhaften Erfahrungen im Kontakt mit Bezugspersonen.

„Das Körperschema bezieht sich auf die automatische Anpassung von Teilen des Skelettsystems und auf die Spannung und Entspannung der Muskeln, die man benötigt, um eine Körperhaltung beizubehalten, sich ohne Hinfallen bewegen und Gegenstände in sinnvoller Weise manipulieren können." (S. 47) Der Körperbegriff „bezieht sich auf die faktische Kenntnis des Körpers, – auf die Kenntnis, daß ein Mensch zwei Augen hat, zwei Schultern, die die Arme mit dem Körper verbinden, zwei Beine usw." (S. 49) Das Kind erhält durch die Informationen der Erwachsenen über seinen Körper den Körperbegriff.

mouthing: engl. „mouth" = Mund. Mouthing bezeichnet das Erkundungsverhalten der eigenen Hände und/oder von Gegenständen mit dem Mund in den ersten Lenbensmonaten. Es wird später abgelöst von der Erkundung mit den Händen.

Neurit: Langer Nervensfortsatz, direkt von der Nervenzelle ausgehend. Der Neurit verästelt sich in die Dendriten.

neuronale Netzwerke: Die in den Nervenbahnen und Kontaktstellen ablaufenden Verarbeitungssprozesse.

Praxie und Dyspraxie: Praxie bezeichnet die Fähigkeit, motorisch zielgerichtet und zweckmäßig zu handeln. Dyspraxie ist keine Bewegungsstörung an sich (wie etwa Körper-Koordinationsstörungen), sondern bezieht sich auf das Planen, das Speichern und Abrufen von (gelernten) Bewegungsabläufen. „Dyspraktische Kinder fallen durch ihre Unsicherheit, Unentschlossenheit, Unselbständigkeit und Hilflosigkeit in neuen motorischen Lernsituationen auf. Trotz guter Begriffsfähigkeit packen sie die Bewegungsaufgabe irgendwie falsch an, zäumen das Pferd von hinten auf. Und sie halten immer wieder verwirrt inne, um nachzudenken, wie es weiter gehen soll." (Kiphard, 1988, S. 132.)

Prägungsphasen: Zeitlich eng umrissene Entwicklungsphasen, innerhalb derer sich ein bestimmter (prägungsabhängiger) Bereich bei entsprechenden Anregungen entwickeln muß. Außerhalb dieser Zeitspanne erfolgt die Entwicklung des Bereichs nur noch bruchstückhaft oder gar nicht. Die Entwicklung der Sprache ist eine der bekanntesten prägungsabhängigen Teilleistungen*.

primäre Wahrnehmungsprozesse: Wahrnehmungsprozesse, die auf den *ersten drei Stufen* (modale, intermodale und seriale Stufe) der Wahrnehmungsentwicklung (Modell nach Affolter; vgl. Kap. 2.9) ablaufen. Die primären Wahrnehmungsprozesse dienen als *Fundament* für höhere *geistige Prozesse*, wie z. B. logisches Denken, kombinieren, vorausplanen, vorausdenken, rechnen, lesen, schreiben, verbal kommunizieren. Sie bedingen ebenfalls die *emotionale* und *soziale Entwicklung. Sie* stellen die ersten drei Phasen (von den insgesamt fünf Phasen) der *„sensomotorischen Intelligenz"* (Piaget) dar, die insgesamt etwa 18 Lebensmonate umfaßt.

Reizkonfigurationen: Reizmuster von gleichzeitig einwirkenden Reizen innerhalb einer lebensnahen Situation. Diese führen zu einem sinnhaften Gesamtbild der Situation. Die einzelnen Reize werden als zusammengehörig oder zueinanderpassend – in Abhängigkeit von der lebensnahen Situation – erlebt.

Responsivität/responsiv: Feinfühlige, passende Antwort auf kindliche Bedürfnisse/Ausdrucksformen. Die Antworten stellen zuverlässige, unmittelbar auf die Bedürfnisse des Kindes hin geäußerte Reaktionen der Bezugsperson dar.

Rezeptoren: Empfängerorgane für die Reize in den Sinnesorganen. Beispiele: Rezeptoren des Auges sind die Stäbchen und Zäpfchen auf der Netzhaut. Rezeptoren der Zunge sind die Geschmacksknopsen.

Selbstkompetenz: Selbstkompetentes Verhalten eines Erwachsenen zeichnet sich aus durch selbständiges, unabhängiges, selbstverantwortliches, eigeninititatives und kreatives Verhalten. Es gründet auf den in Kindheitsphasen erworbenen Fähigkeiten wie Eigenständigkeit, Unabhängigkeit und Eigenverantwortung.

Selbstwirksamkeit: Das Kind kann durch eigenes Verhalten/eigene Handlungen Einfluß nehmen auf die soziale und dingliche Umwelt; es kann etwas *bewirken.*

Sensible Periode: Für bestimmte Entwicklungsprozesse kritische Zeitspanne, innerhalb derer sich diese bei entsprechendem Angebot grundlegend entwickeln. Es handelt sich jedoch *nicht* um eine Prägungsphase* im engeren Sinne. Neueren Forschungen gemäß ist davon auszugehen, daß sich das **Bindungsverhalten** in der sensiblen Periode des ersten Lebensjahres entwickelt und bis zum 6. Lebensjahr ziemlich stabil bleibt. Danach wirken weitere Umwelteinflüsse und kognitive Fähigkeiten des Kindes verändernd darauf ein.

Sensorische Integration: Sinnvolle Verarbeitung der im Zentralnervensystem eingehenden Sinnesreize. Die Verarbeitung findet in mehreren Hirnbereichen, die jeweils auf verschiedene Verarbeitungsprinzipien spezialisiert sind und über beide Hirnhälften hinweg gleichzeitig statt.

Sinnesorgane: Die Sinnesorgane der „sieben Sinne“ des Menschen sind:
Haut (mit vielen verschiedenen Sinnessystemen wie für Druck, Vibration, Berührung, Kitzelreiz, Wärme, Kälte, Schmerz u. a. m.),
Muskeln (Muskelsinn),
Sehnen und *Gelenke* (Stellungssinn),
Gleichgewichtsorgan (Drehbewegungssinn und Lagesinn),
Zunge (Geschmackssinn),
Nase (Geruchssinn),
Ohren (Gehörsinn),
Augen (Gesichtssinn).

Soziale Kompetenz: Angeborene Fähigkeit, soziale Reize (von Menschen ausgehende Reize) wahrnehmen, richtig entschlüsseln und beantworten zu können. Mit zunehmendem Alter erwartet man von einem sozial kompetenten Menschen, daß er seine Gefühle, Bedürfnisse und Wünsche sprachlich (in Übereinstimmung mit seiner Mimik und Gestik) mitteilen kann, daß er sich auf eine adäquate Weise selbst behaupten und von anderen abgrenzen kann u.a.m.

Sprachgewandtheit: Flüssiges Sprechen; Wortschatz und Ausdrucksfähigkeit betreffend.

Sprachautomatik: Flüssige Satzproduktion. Die *Konzeptbildung* über das, was sprachlich ausgedrückt werden will, geschieht rasch und flüssig, d. h. „automatisch".

Sprechautomatik: Die *motorischen* Abläufe der Sprechwerkzeuge (vor allem: Lippen, Zunge, Wangen, Gaumen, Kehlkopf) geschehen flüssig, ohne daß auf die Aussprache geachtet werden müßte; d. h. sie verlaufen „automatisch".

strukturierte Reize: Reize in lebensnahen, anfänglich hauptsächlich sozialen Situationen, die dem Säugling die Wahrnehmungs- und Lernleistungen ermöglichen bzw. erleichtern. Davon hängt der Aufbau der *Gehirnstruktur** wie auch die Qualität der Zusammenarbeit der verschiedenen Hirnbereiche ab.

taktil-kinästhetische Wahrnehmung: Zusammenwirken der drei Grundsinnes-Systeme. Siehe *„Grundsinne"*.

Teilleistung : Teilleistungen sind z. B. die Sprache, die Feinmotorik, die Fähigkeit, rechnen, lesen und schreiben zu können, das Gedächtnis für Zahlen oder für Orte, die Konzentrationsfähigkeit, die Wahrnehmungsfähigkeit usw. Teilleistungen sind hochkomplexe Funktionseinheiten verschiedener Teilfunktionen oder Teilbereiche. Z. B. ist für die Teilleistung „Sprache" ein Zusammenwirken der Teilleistungen der Grob- und Feinmotorik, der Konzentrationsfähigkeit, des Gedächtnisses für sprachliche Begriffe, der Wahrnehmungsfähigkeit u. a. erforderlich.

Wahrnehmung: Unter Wahrnehmung versteht man „die sinngebende Verarbeitung von Reizen. Unter Reiz ist hierbei jeder Impuls der Sinnesorgane an das Zentralnervensystem (ZNS) verstanden." (A. Fröhlich, 1977, S. 10)

Sachregister

Kinder fördern – Kinder verstehen

Josef Könning
Kinder brauchen Lebensfreude
Was Kinder glücklich macht – und Eltern auch
155 Seiten, Klappenbroschur
ISBN 3-451-26493-5

Lebensfreude steckt in jedem von uns. Zahlreiche Tips und Übungen zeigen, wie nicht nur Kinder glücklich werden, sondern auch ihre Eltern.

Ulrich Rabenschlag
Kinder reisen durch die Nacht
Schlafen, Wachen, Träumen – Die gute Nacht für Kinder
160 Seiten, Klappenbroschur
ISBN 3-451-26611-3

Wie Eltern ihren Kindern eine gute Nacht bereiten können. Praktische Tips für eine friedliche Reise durch die Nacht.

Steven Carr Reuben
Charakterstarke Kinder kommen weiter
Welche Werte unsere Kinder brauchen
221 Seiten, Klappenbroschur
ISBN 3-451-26496-X

Kinder brauchen Werte und Regeln, aber auch ein Gefühl für die eigenen Stärken und Fähigkeiten. Der Autor zeigt, wie Eltern beides vermitteln und ihren Kindern damit eine optimale Ausgangsbasis für die Zukunft geben können.

Daniela Liebich
Mit Kindern richtig reden
Wirksam erzählen, ermahnen, erklären
160 Seiten, Klappenbroschur
ISBN 3-451-26155-3

Regeln und Tips für ein lebendiges Miteinander – ohne Streß und Frust.

Chantal de Truchis
Die ersten Schritte in die Welt
Wie Ihr Kind vertrauen lernt und selbständig wird
ISBN 3-451-26288-6

Chantal de Truchis zeigt – in der Weiterentwicklung des bewährten Emmi-Pikler-Ansatzes – wie Eltern die Selbständigkeit und das Vertrauen ihrer Kinder fördern können.

HERDER

Chantal de Truchis
Wie Ihr Baby Vertrauen gewinnt –
zu sich selbst und in die Welt
Das Emmi-Pikler-Modell
Mit zahlreichen Abbildungen
Aus dem Französischen von Daniela Pichler-Bogner
160 Seiten, Klappenbroschur
ISBN 3-451-26282-7

Glückliche und gelassene Eltern und zufriedene, selbstsichere Kinder – Chantal de Truchis zeigt, wie das zusammenhängt. Ein Standardwerk für Eltern.

Verena Rossetti-Gsell
Spielen – Sprache der kindlichen Seele
Erkenne dein Kind im Spiel
ISBN 3-451-26227-4

Was Kinder nicht in Worte fassen können, drücken sie oft in ihren Spielen aus. Die Kindertherapeutin Verena Rossetti-Gsell zeigt auf, was sich hinter bestimmten Spielen verbirgt. Eine Anleitung für Eltern, die spielerischen Handlungen ihrer Kinder besser zu begreifen.

Karin Schaffner
Mit allen Sinnen die Welt erfahren
Geschichten und Spielanregungen für Kinder und Eltern
128 Seiten, Klappenbroschur
ISBN 3-451-26283-5

Spiel und Spaß für Erwachsene und Kinder – und wie Kinder dabei lernen können.

Patricia H. Berne/Louis M. Savary
Kinder brauchen Selbstvertrauen
Tips und Ratschläge für Eltern
Aus dem Amerikanischen von Peter Brandenburg
160 Seiten, Paperback
ISBN 3-451-23752-0

Das Fundament für ein glückliches Leben wird in der Kindheit gelegt.

Gertrud Kaufmann-Huber
Kinder brauchen Rituale
Ein Leitfaden für Eltern und Erziehende
160 Seiten, Klappenbroschur
ISBN 3-451-23574-9

Rituale sind wichtig für die kindliche Entwicklung, aber die richtigen müssen es sein.

HERDER